JN074471

法人保険営業のトップが語った本質的成功とは

継続貢献営業

エフピーステージ株式会社
五島　聡

近代セールス社

はじめに

本書は、中小企業を支援する立場の人たち、たとえば、保険営業マン、税理士、銀行員、そうした人たちに読んでもらい、考え方を変えて、顧客の未来を変える仕事をしていただきたく熱筆しました。

多くの方が安定したサラリーマンの地位を捨てて「フルコミッション」の保険営業の世界に入ってきた目的とは、「大きく成功すること」ではないかと思います。しかしながら、大きく成功する人はそれほど多くはないというのが実態です。

成功のレベルは人それぞれで違うかもしれませんが、成功の定義として共通しているのは、次の二つと考えます。

「顧客から大事にされていること」

「大きな成果が上がること」

多くの保険営業マンは個人保険販売からスタートし、1週間に1件以上の連続挙績で実績を積み上げていきます。なるほど、保険営業マンの立場から見れば、これで成功にたどり着けるかもしれません。ＭＤＲＴにも入賞できるでしょう。

しかし、考えてみてください。連続挙績を30年間続けたら何が起きるでしょうか。軒の件数は累計で３６００件に達します。皆さんは、この３６００件の顧客の顔と名前と保障内容を漏らさず覚えておくことができるでしょうか。難しくはありませんか。

このことを顧客の立場から見てみると「保険営業マンは、売るまでは一生懸命にやって来て、その後は一切やって来ない」という売りっ放しの状態になっていると言えます。

保険会社へのクレームで最も多いのは「売りっ放し」だそうです。もちろん個人保険販売が悪いわけではありません。売りっ放しの営業が悪いのです。原理原則として「顧客不満足のビジネスに明るい将来はない」と考えなければなりません。

成功のカギは「法人へのシフトチェンジ」です。そして、本質的な成功を実現するためには「社長への継続貢献営業」がたいへん重要です。「つきあうべき経営者に永く貢献し、信頼構築し、すべての保険を任せてもらう」。そして「追加での新契約や、経営者から知り合いの社長をご紹介いただき、保険営業マンとしての高値安定経営を実現し、本質的な成功を実現する」という営業スタイルの実践こそが本質的成功への道と言えます。

どんなビジネスでも成功のポイントはたった一つ。「顧客の問題解決を自らの仕事とすること」ではないでしょうか。

弊社では、全国の保険営業マンや士業専門家、金融機関の行職員などを対象にした「戦略法人保険営業塾（ＳＨＥ）」を東京、名古屋、大阪、広島、福岡の各地で定期的に開催し、「継続貢献営業」についての学びの場を提供しています。

「戦略法人保険営業塾」では、法人保険販売の基礎知識をはじめとして、決算書の基礎知識、金融機関が会社を評価するポイント、顧客への財務改善提案、法人保険の実践的なアプローチとプレゼンテーションの方法などをカリキュラムとして、法人保険の販売スキルを身につけることができるのが特徴となっています。勉強会のほか、実際の案件をもとにした「実践研究会」を開催するなど、塾生同士が積極的にディスカッションできる場もあり、志を同じくする仲間が相互に自己研鑽に励んでいることも特徴の一つです。

また、２０１９年12月には、金融庁地域金融企画室長の日下智晴氏を勉強会に招き、「地域銀行のビジネスモデルの変革」と題する講義を拝講するなど、令和時代の新しい地域金融のあり方や中小企業支援のあり方について学ぶ機会を設けながら、社会貢献のできる保険営業マンの育成に積極的に取り組んでいます。

本書は、戦略法人保険営業塾におけるそうした学びを中心にまとめています。「学んだことをすぐに実践する」ことが成功への唯一の道です。多くの皆さんに本書を通じて「継続貢献営業」の真髄を学んでいただくことで、保険営業マンとしての本質的成功を遂げていただけましたら幸いです。

エフピーステージ株式会社
五島　聡

継続貢献営業・目次

第二章　財務貢献営業

第三章 中小企業の事業承継問題を解決する

第四章 経営者の相続問題を解決する

第五章 ケースで学ぶ継続貢献営業

第一章

法人保険営業への シフトチェンジ

保険営業マンが必ず突き当たる個人保険営業の壁。限界を超え本質的成功を遂げるための最適解とはなにか。戦略法人保険営業への転換、すなわち財務コンサルタントとしての継続貢献営業にある。

Episode 01 法人保険営業の軌跡

「3年後に年収1億円」を完全クリアする

●1日5人の経営者と会う

はじめに、私自身の紹介も含めて、保険営業マン時代のエピソードから話を始めていきたいと思います。

保険営業マンとして仕事を始めたのは私が31歳のときでした。入社の動機はシンプルで、前職よりも高い収入を得ること。『フルコミッションの世界に挑戦してみたい』と思ったのが保険業界に入ったきっかけでした。その後のセールスの成功があるのは、当時リクルートしてくださった沖野孝之氏のおかげです。まずは沖野氏への感謝を申し上げたいと思います。

入社後1か月間の基礎トレーニング中に立てた目標が、「3年後に年収1億円」というものでした。不思議なもので、目標とは立てたなりの実績に帰結するものです。同月入社の新人は私を含めて3人でしたが、一人は「年収1500万円」、もう一人は「年収3000万円」でした。後に振り返ってみると、3人とも目標どおりの数字を達成することになりました。

「3年後に年収1億円」。何の根拠もなく立てたわけではありません。保険営業のトレーニングを受けながら、『この売り方なら十分に社会で通用する』と、自身のプレゼンテーションについて直感的に自信を持つことができたからです。

基礎トレーニングの期間中、突然、旧知の経営者から連絡を受けました。「ソニー生命に転職したらしいね。よければ、年払い保険料で2000万円程度の提案書を持ってきてくれないか」。このご契約で、私は保険営業マンとしてとても良いスタートが切れたと思います。

『お客さまはなぜ私に声を掛けてくれたのだろう』。当時私は、お客さまへの貢献ということを常に頭の隅に置いていました。実は、このお客さまにも私の知り合いをご紹介していたのです。その結果、スタートしたばかりの私に、保険契約をおつきあいいただいたのではないかと思います。このとき、貢献することの大切さを改めて強く実感したのでした。まだ経験の浅い私が、目標を達成するための手段として思いついたのが、「1日5人の経営者と会う」というものでした。

「1日5人の経営者と会う」。この行動目標には、多くの保険営業マンが『それは無理だろう』と感じることでしょう。たしかにハードルが高い目標です。もともと独りよがりの目標ですし、実際、なかなか会ってはもらえませんでした。それでも、自分自身で決めた行動目標ですから、どうしてもクリアしたい。そこで私は、どうすればクリアできるかを深く考えてみたのです。

『相手に貢献できなければ会ってもらえないのだな』。

逆に考えれば『貢献ができれば、経営者はどんどん会ってくれるにちがいない』。そう思い定めた私は、より強く、お客さまへの貢献を意識するようになっていったのです。

あるとき医療法人のドクターから、「遊休不動産を有効活用したい」といった相談を受けました。早速、不動産会社に飛び込んで、ドクターの遊活案件の相談をぶつけてみました。結果、家賃保証付きの賃貸マンションの建設につなげることができました。その後、不動産会社の社長から関連会社の経営者をご紹介いただくという新たな展開にも結びついたのでした。

保険営業マンとして仕事をする以上、保険契約と関わりのない貢献というのは、一見無意味ではないかと思われても不思議ではありません。しかし、純粋な気持ちで行なう貢献こそが、偶然を必然に変える力になるのではないでしょうか。

経営者という立場はとてもシビアであり、経営に資するブレーンを大切にしてくれるものです。「経営者は孤独」とも言われます。孤独であったときに、自分に貢献してくれる人の存在はそう多くはありません。人は誰かの協力によって良くなるもの。だからこそ、経営者に寄り添うことで、私たちの仕事が〝必然〟になっていくのだと思っています。

なにかお困りのことはありませんか

保険営業マン時代のもっとも大きな契約は、保険料50億円の契約です。あるとき、ファミリーコンピュータ販売会社の社長をご紹介いただいたのです。保険契約の適正化を図っていった結果、契約につながりました。その際に社長から相談されたのが、取扱商品の販路の拡大でした。早速、保険会社のネットワークを活用しながら商談をつないだ結果、見事に販路拡大が実現し、社長の会社の売上額が10倍以上に躍進を遂げたのでした。そのうえ、社長の契約だけでなく、友人知人の経営者も多数紹介してくださいました。そのなかに、ある上場企業の役員がいらっしゃって、その出会いがきっかけとなって、保険料50億円の契約に至ったのでした。まさに紹介の連鎖のたまものです。

貢献の具現化。これが私の保険営業の根幹です。「なにかお困りのことはありませんか」。この言葉を常にお客さまに問いかけるようにしていったのです。

経営者の皆さんは、何らかの困りごとを抱えています。解決のお手伝いができるもの、できないもの、さまざまありましたが、真摯に対応していったことで、徐々に人脈が形成されていきました。その結果、「1日5人の経営者と会う」という行動目標が実現できるようになったのです。キーワードはやはり「貢献」であると、今も確信しています。

やがて、こうした活動の結果、当初に立てた「3年後に年収1億円」は、その1・45倍の成果として実現できたのでした。これは当時、ソニー生命でエグゼクティブ・ライフプランナーに到達する最短記録でもありました。

「人に対する貢献」。仕事における考え方として、まずはこのことがとても大事でした。加えて大事だったのは、自分自身の能力の向上です。お客さまに対して具体的に何ができるのか。保険営業マンとして最高レベルの知識をお客さまに提供できなければなりません。

「加入するかどうかは別にして、最後まで保険の話を聞いていただけないでしょうか」。

この一言からアプローチを始めるわけです。当時の私の累計成約率は92%でした。高い確率で成約できたのは、お客さまに最適な考え方を持って伝えることができる能力、これを磨き上げた結果だと思います。

●「契約のための貢献」から「継続のための貢献」へ

順調に進んだ営業活動でしたが、あるとき転機が訪れました。街中で偶然、あるお客さまと出会ったのです。私の口から出たのは「たいへんご無沙汰してすみません」というお詫びの言葉でした。

『どうして私は人様に詫びなければならないような仕事をしているのだろうか』。

ハッとしました。お客さまへの貢献が大事と理解していたはずでしたが、それは保険が売れるまでの貢献にすぎなくて、その後の貢献ではなかったことに気づいたのです。結局、生命保険業界の最大の問題である〝売りっ放しの顧客不満足〟の状態を、自分自身が作ってしまっていたことに気づいたのでした。反省しました。

顧客不満足のビジネスに明るい未来はありません。どうすれば顧客に対して長きにわたって貢献できるのでしょうか。考えた末に決心したのは、「仕事のやり方を変える」ことでした。

いま金融業界で起こっている様々な不祥事。これらに通底しているのは「売ればよい」という考え方です。もちろん、ノルマはあるし、多くの手当が欲しい。売り手なりの都合があるわけです。だから、顧客に不利益をもたらしてもかまわないとする、まさに「売る」という行為を捻じ曲げてしまっているのではないかと思います。正しい考え方に基づいた正しい売り方に変えていかなければなりません。このことは、昔も今も変わらない思いとして、私自身、強く持ち続けています。

●連続挙績が顧客不満足を生んでいる⁉

多くの保険営業マンの仕事のやり方は、個人保険をたくさん売る方法です。単価は高くありませんから、とにかくたくさん売らなければ一定以上の生産性や販売基準をクリアすることはできません。

保険営業マンの皆さんならよくご存知だと思いますが、保険業界には「連続挙績」と呼ばれる指標があります。これは一体、誰のための指標なのでしょうか。保険営業マンの収入のためであると同時に、保険会社としての安定的な収益のためでしょう。では「連続挙績」は顧客のためになっているのでしょうか。契約数を多く売ればよいという考え方によって、結果として顧客不満足を生んではいないでしょうか。考えてみる必要があります。たとえば、保険を売って5年が経過したお客さま。電話だけで温かく迎えてくれるでしょうか。「今さら何の用ですか」といった冷たい反応を示されないでしょうか。

「損金売り」について考えてみましょう。企業における節税の本質は何かというと、「利益を潰す行為」と言えます。「企業価値を毀損してしまう行為」とも言い換えられます。企業は価値を毀損することで明るい未来を描けるでしょうか。難しいと思います。

要するに、物事の本質を見極めながら、まともな仕事のやり方を行なっていく必要があるのではないかということです。

貢献だけではまだ何かが足りません。考え抜いた結果たどり着いたのが、本書でお伝えしたい「継続貢献営業」です。

「継続貢献営業」とは、「つきあうべき経営者に長きにわたって貢献していくなかで、すべてを任せてもらえる営業」のことです。保険営業マンのなかには、新しい顧客から新契約をいただくことが仕事であると、勘違いをしている人が多くいます。そうではありません。同じ顧客からでも追加で新契約をいただくことで保険営業マンとしての高値安定経営を実現していく。こちらのほうが、何倍も重要な考え方ではないかと思っています。

●長く貢献するとは顧客の問題解決を行なうこと

「長く貢献する」とはどういうことでしょうか。結局は、貢献とは、一言でいうと、「顧客の抱える問題解決を行なうこと」です。では、私たちがつきあうべき経営者が抱えている問題点とは何なのでしょうか。国税庁のデータによると、中小企業のうち赤字の企業の比率は70%以上に達しています。新設法人の10年後生存率はたったの6%です。

この二つのデータを考えたときに、多くの経営者の抱える問題というのは、第一に、「お金が足りない」という財務的な問題と推測できます。

第二に、経営者の平均年齢は66歳であり、この20年間で19歳上昇し、2025年に70歳を迎える経営者数は245万人に達します。そのような環境のなかで、70歳を迎える経営者のうちの7割が廃業すると予想されています。全経営者の約60%が廃業してしまうのです。

廃業となれば経済行為が途絶えることになり、中小企業で働く650万人以上の従業員が解雇の憂き目に見舞われます。このことによるＧＤＰの損失額は22兆円に達するそうです。解雇される従業員の家族への影響も考えると、膨大な数の経済的ダメージがそこかしこで起きてしまうことが予想されます。

中小企業が抱えるこのような環境を踏まえたうえで、保険営業マンは、どうやって問題解決のために尽力していけばよいのでしょうか。

「そんな取組みをして、肝心の保険営業ができるのか？」。そんな疑問を持たれた方もいるかもしれません。しかし、「生命保険は顧客の問題解決を図るための部品であるとともに、顧客の未来を良くするための部品である」。これまでのように、節税を前面に出したような商品ありきの保険販売ではなく、あくまで顧客の問題解決の部品と位置付けた保険販売であるならば、多くの中小企業の必要性に合致するものと言えます。結果として、保険営業マンとしての生産性も、高いレベルで達成することができるものと確信しています。

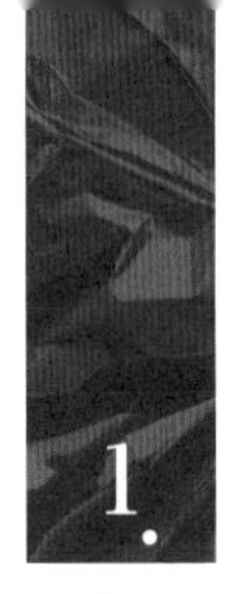

1. 保険営業のやり方を変えたら人生が変わった

私たちエフピーステージでは、保険営業マンの皆さんに、個人保険から法人保険への営業スタイルの転換をお勧めしています。

これからそのことを説明していくにあたって、まず、実際に個人を対象にした保険営業から法人を対象にした保険営業に転換した弊社セミナー受講生がどうなったのかということをご紹介したいと思います。私たちが主催するエフピーステージのセミナーで勉強することで、一体どのような変化が訪れたのか。その一例としてお読みください。

(1)営業手法が通用しなくなる日が必ずやってくる

保険営業で成功するためには、「顧客の抱える問題解決を行なうことが唯一の手段である」ということが私たちの主張です。ご紹介する例では、経営者の抱える問題を解決するために必要な知識について、実践者から正しく学んで取り組みました。

成果を上げている保険営業マンによく見られるのが、自身のキャラクターに頼ってお客さまに気に入ってもらい保険契約をいただく営業、俗に言う〝キャラ営業〟を行なっているパターンです。

彼らは、さらに大きな成果を求めて小社のセミナーに訪れます。私たちは何度も「キャラ営業ではいつか壁にぶつかります」とお話ししています。ところが、彼らの多くは、最初のうちは、「実際に成果を出し、それで今も成功しているのだから、何が問題なのだろう？」と半信半疑のまま、キャラ営業を続けます。

キャラ営業ができる人はたいてい人当たりの良いタイプですし、職場の先輩などから「愛されキャラだよね」と可愛がられてきています。そのため、自分のキャラ営業がいずれ通用しなくなるというイメージが持てないのです。

しかし、「愛されキャラ」「可愛がられキャラ」というものは、年上のお客さまにこそ通用しますが、年下のお客さまにはなかなか通用しません。そして、自分が歳を重ねていくにしたがって、キャラ営業が限界に来ていることを実感するのです。

キャラ営業とは、顧客に気に入ってもらい保険契約をしてもらう営業スタイルです。このスタイルには二つの問題があります。一つ目は「再現性がなく継続的な成功ができない」

こと。二つ目は「加齢とともに〝賞味期限〟が切れる」ということです。つまり、キャラ営業は顧客の役に立つことができない、中身のない営業なのです。このことを実感した時、キャラクターだけに頼っていた保険営業マンは、他に何も武器がないことに気づくのです。

また、キャラ営業に依存している保険営業マンのなかには、お客さまの役に立つための専門知識の習得を疎かにしがちな人もいます。その結果、経営者に対して貢献できるアドバイスができません。何か質問されても、答えられる自信がないからです。そのこともあって、これまでキャラ営業で乗り切ってきたとも言えます。しかし、それももう通用しなくなってきている。危機感に駆られたとき、人は猛勉強を開始します。

小社主宰のセミナー「戦略法人保険営業塾（ＳＨＥ）」では、通学による聴講だけでなく、映像や資料による復習を徹底することで、着実に法人保険営業に関する専門知識を習得していくことができます。

(2)「キャラ営業」から「財務コンサルタント」に生まれ変わる

勉強しながらでも、キャラ営業中心の保険営業マンから財務コンサルタントへと、仕事のやり方を変えていくことは可能です。しかし、キャラ営業に頼っていた人が、それまでのお客さまのもとを回って話をしても、すべて空振りに終わることが多くあります。なぜなら、これまで自分の武器だったキャラ営業が邪魔をするからです。顧客に対して「愛される」「可愛がられる」キャラクターだったせいで、「資金繰りの改善」や「銀行格付けへの対策」などと口にしても、目の前のお客さまに真面目に取り合ってもらえないためです。こうなると新規開拓しかないという結論になるでしょう。エフピーステージでは法人保険に関する知識だけでなく「社長と出会える場所作り」のアドバイスも行なっています。その新規開拓先へと訪問セールスを展開するのです。

キャラ営業から脱却しようとしていた受講生が、ある会合で、「経営者の方の真のパートナーとなるべく、この仕事をしています。私は銀行が教えてくれないこと、税理士が知らないことをアドバイスすることで経営者の方の力になれると確信しています」と訴えかけました。すると、一人の経営者が「一度詳しい話を聞かせてくれませんか」と話しかけてくれたそうです。

一般的に、保険営業という肩書きは初対面の相手を警戒させてしまいます。そこで彼は、一切保険を売り込むことをしませんでした。顧客の未来を良くするための本質的な話をした結果、相手が興味を持ってくれたのです。

「一度詳しい話を」と話しかけられたら、「じゃあ明日にでも！」と応じたいところですが、ここはぐっと我慢したそうです。1～2週間の時間を取って、その間に決算書など、財務分析に必要なものを用意してもらうのです。

相手に「会社の数値に基づいたすごい話が聞ける」という期待感を持ってもらうとともに、「決算書がなければ話してもらえない」という〝財務のプロ〟として扱ってもらうことを求めるわけです。こうなると、明らかにこれまでのキャラ営業とは違うアプローチとなってきます。

経営者から決算書をお預かりできれば、財務ソフトを活用した分析が可能になります。また、これまでの勉強によって得た知識に基づいて、詳細な説明をすることも可能です。相手の理解を促すために独自の図を作成するのもよいでしょう。

⑶経営者のパートナーになる

経営者の方と決算書の内容についてお話しする際、経理や財務担当の方も同席されることがあります。エフピーステージの受講生が分析結果を踏まえて当該企業の財務状況をご説明すると、大抵の場合、「どうしてそこまでわかるのですか？」と聞かれるそうです。

彼らは自信を持って「プロですから」と答えることができます。ただ分析しただけでは会社は良くはなりません。そこで経営者の方に「**社長、あなたは会社をどうしたいとお考えですか？**」と聞くのです。のちほどご紹介する**ビジョン・アプローチ**です。

このような展開の結果、顧問先として経営者のビジョンを実現するお手伝いを含めたおつきあいを続けることができるのです。顧問先から「財務担当」の名刺を作っていただいた受講生もたくさんいます。

⑷財務状況に即した保険プランを提案する

続いて、会社のパートナーとして、財務状況に照らした適正な保険加入を提案していきます。たとえば、加入間もない保障額1億円の生命保険でも、必要がなければ躊躇なく解約します。すると、多くの場合はその保険を販売した保険会社の担当者が飛んでやってくるはずです。もちろん抗議をするために。「信義にもとるのではないか」と、すごい剣幕で詰め寄ってくるケースがあるかもしれません。

しかし、「その〝信義の保険〟というのは会社を助けてくれるものですか？」と反論してみてください。相手は言葉に詰まることでしょう。それでも「戻り率がいいんです！」

と返してくる担当者がなかにはいるかもしれません。そんなときはあくまで冷静に「戻り率ってなんの〝率〟のことでしょうか」と返すと、結局答えることができないはずです。

実は多くの場合、こうした保険は会社の財務状況から考えると、まったく必要のないものなのです。無駄な出費と言ってもよいかもしれません。にもかかわらず、保険営業マンが、「あなたの会社に絶対必要なものだから」と強く勧めてくる。保険について専門家ではない経営者は、わからないまま契約してしまうというのがよく見られるパターンです。

個人保険で、契約者の実情に合わない保険が勧められていることとまったく同じことが法人保険でも起きているのです。法人保険は、経営者のビジョンや、会社の財務状況を踏まえたものでなければいけません。

他にも次のようなケースがあります。ある企業に対し地域金融機関が「社長、短期資金として2000万円を借りてください」と提案してきました。その際も私たちが財務コンサルタントとして経営者の信頼を得ていれば「どうしましょうか」と相談されることでしょう。そこで、正しい財務貢献知識を持っていれば、すぐに適正な調達方法をアドバイスすることができます。

このような活動の結果、顧問先からは「先生」と呼ばれる受講生もいます。キャラ営業の生命保険営業から、顧客から大切にされる財務コンサルタントに変わったわけです。

(5)法人保険営業の悩みとその解決方法

法人保険営業についての大きな悩みは次の三つに集約されます。

①経営者に出会えない

②決算書をもらえない

③コンサルタント契約に至らない

①に関しては、セミナーで「経営者の集まる場所」を紹介しています。この場では、「保険、保険」と営業に走らないことが、経営者のほうから「話を聞かせて」と言ってもらうポイントになります。

②に関しては、興味を持ってくださった経営者に対して、すぐにアポイントを取るのではなく、ある程度時間に余裕を持たせたうえで、決算書を用意してもらいます。「決算書をもらうこと」を面談の条件にするのです。

③に関しては、経営者に核心的な質問を繰り返すことで、これまでそうしたことをアドバイスされてこなかった状況を浮きぼりにし、「自分であれば、その問題を解決できる」

と明確に伝えることで、結果として保険契約の締結につなげていくのです。

特に③について、キャラ営業をしているような保険営業では自信を持って伝えられません。しかし、人は変われます。一生懸命勉強した結果、自信を持って伝えられるようになるのです。

私は、「どう考えて、誰と会って何の話をしているか。これですべてが決まる」と、絶えず、セミナーで繰り返し伝えています。皆さんには、そのことを実感できる毎日を送ってもらいたいと思います。

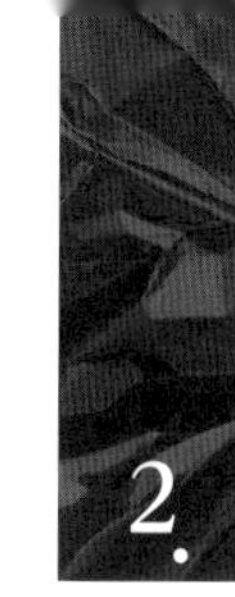

2. 保険営業における本質的成功とは何か

(1)保険営業は消える仕事というのは本当か

英オックスフォード大学のマイケル・A・オズボーン准教授が２０１３年9月に発表した論文「雇用の未来（The Future of Employment）」の〝今後10～20年で消える仕事の予測〟が、一時期大きな話題になりました。ＡＩの進化には目を見張るばかりで、論文中の「約47％の仕事が自動化される」という話も、あながち間違いではないと思えてきます。

日本でも２０１５年12月に、野村総合研究所が日本版の「消える仕事」を発表していますが、その調査をもとにした「女性セブン」誌の「無くなる職業ランキングトップ50」では、行政書士、税理士、弁理士、公認会計士、不動産鑑定士、社会保険労務士、司法書士など各種士業が挙げられています。もちろん、士業の仕事がすべてＡＩやロボットに奪われるとは思いません。しかし、単純な仕事の大部分がなくなることは間違いなく、従来の仕事のやり方をしていてはたちまち〝お払い箱〟になってしまうということでしょう。

それでは、今まさに本書を手にしている保険営業マンの皆さんはどうでしょうか。ＡＩによって仕事を奪われている実感はないかもしれませんが、インターネットに仕事を奪われていると感じる人は多いのではないでしょうか。

今後、ＡＩなどの技術の進歩と実用化によって単純労働の仕事は間違いなく減っていきます。しかしその一方で、売りっ放しにはできない、クライアントに寄り添うような思考を伴うコンサルティングやアドバイスの仕事は残るでしょう。

保険営業の計算の仕事とは、たとえば、必要保障額の計算なら「（生活費＋教育費－社会保障制度）×年数」で、加減乗除すると数字が出ます。初歩的なＡＩで簡単に対応されてしまうレベルです。では「残る仕事」である思考を伴う仕事とは何をすればよいのでしょうか。

本章の最初に紹介した受講生の変化を読んでいただければ、自ずと答えは見えてくると思います。まず**ビジョン・アプローチ**から仕事に入って、社長のビジョンを確認します。

たとえば、社長が会社を大きく成長させたいというビジョンを持っているとします。しかし、求められるのは、言われたことを鵜呑みにするのではなく、そのビジョンを精査して、現状から考えたときにクライアントの会社が目指すべき正しいビジョンかどうかを考えることなのです。

私は、これこそが「残る仕事」だと考えます。社長に対して**「こういうことをすべきです」**と具体的なアドバイスをすることは、思考しなければできるものではありません。

つまり、保険営業マンがこの先も生き残っていくためには、こうしたＡＩではできない思考を伴った仕事が欠かせないのです。

(2)本質的成功とは「物心両面の成功」のこと

多くの保険営業は、個人保険からスタートします。しかしインターネットを通じた保険契約が当たり前になってきている今、「このままでは行き詰まってしまう」と危機感を持った方もいるのではないでしょうか。「自分はたくさんの顧客を抱えているから大丈夫」「インターネットにはない人間の温かみというものがある」とおっしゃる方も、ちょっと考えてみてください。

仮に月30件（軒）の保険契約を取ることができた場合、そのペースを10年続けると合計で３６００件（軒）になります。このときあなたは、顧客の顔と名前が一致するでしょうか。顧客にとって、あなたが優秀な保険営業マンで、的確なアドバイスをくれるオンリーワンの存在であっても、あなたはその顧客の顔も名前も思い出すことができないとしたら、これほど失礼なことはないでしょう。

このように、個人保険の営業には必ず限界があります。それは成績のアップが顧客の増大につながるからで、顧客が増えるほど保険は〝売りっ放し〟になってしまうでしょう。

ただ、なかには超人のような保険営業マンがいて、前述したキャラ営業を駆使して、数千人の顧客を持ったままトップであり続ける例もあります。しかし、キャラクターに頼る営業手法というのは、顧客を接待したり、意気投合させたりすることで「あなたのために買うよ」とお客さまに言わせる方法です。これは顧客との相性が良かったり、本人に特別な人間的魅力があったりするからできることで、再現性は非常に低いと言わざるを得ません。また、キャラ営業では、何も価値を提供しないのにつきあう価値がありそうな雰囲気を醸し出してつなぎ止めることも行なわれます。これでは顧客に貢献しているとは言えません。

さらに、個人保険の営業は人脈がすべてと言ってもよく、人脈が途切れた途端に、そこで成績は頭打ちになってしまうことでしょう。

保険営業マンであればＭＤＲＴのＣＯＴ、ＴＯＴになることを成功の証と考える方もいらっしゃるのではないでしょうか。一般的には馴染みのない単語ですのでご存じない方のために説明すると、ＭＤＲＴとは「Million Dollar Round Table」の略で、生命保険や金融サービスに関する卓越した専門家が参加している世界的な組織です。

ＭＤＲＴに入会するには、保険料、手数料、収入等についての厳しい基準を満たす必要があり、ＭＤＲＴの会員であることは保険営業マンにとって一種のステータスになります。ＭＤＲＴ日本会の公式ホームページによると、日本においては６３０９名（２０１９年４月１日現在）の会員がいます。ＭＤＲＴ入会基準の３倍の成績をおさめた者がＣＯＴ（Court Of the Table）、ＣＯＴ基準の２倍の成績をおさめた者がＴＯＴ（Top Of the Table）となります。ＴＯＴの称号を手にした保険営業マンは、文字通りトップのなかのトップと言えるでしょう。ＣＯＴは日本における保険営業マン全体のうちの４％程度、ＴＯＴは１％にも満たないと言われています。

保険営業マンに限らず、すべての働く人にとって必要なことは「物心両面の成功」ではないでしょうか。個人保険の営業は、数をこなせば年収１０００万円プレイヤーになって〝物〟の面は満たせるかもしれませんが、大量の業務に忙殺され、それこそ24時間３６５日働き続けることになりかねません。そんな状態ですべての顧客に１００％の貢献ができるでしょうか。顧客は、自分が顔も覚えられていないと知れば、保険営業に対して不信感しか持たなくなるでしょう。売りっ放しのビジネスでは顧客の満足を得ることはできません。顧客満足のないビジネスに未来はありません。したがって、ＣＯＴやＴＯＴになることは必ずしも成功している証拠とは言えないと思います。

目指すべき本質的成功こそ「物心両面の成功」です。成果を上げ、顧客からも大事にされることで物心両面の成功が得られるのです。私は保険営業の皆さんが物心両面で成功する道は法人営業だと考えます。

長く成功していくためには、自分も顧客も幸せになるビジネスモデルを作る必要があります。私たちは、そのモデルをセミナーの受講生に伝えています。

法人保険営業がうまくいかないという人の大半は、正しいセールスプロセスを踏めていなかったり、経営者に対して保険の価値を伝えきれなかったり、提案した保険自体の価値が低かったりすることが原因です。これらは才能ではなく、知識を習得することによって克服できるものばかりです。もちろん地道な努力は必要ですが、本質的な成功はそうやって達成できるものではないでしょうか。

(3)仕事のやり方を変えれば人生が変わる

未来とはあくまで過去の延長線上にあります。したがって、何かを変えないと、未来も変わりません。では、どういう手段を用いれば未来を変えることができるのでしょうか。

その答えが**継続貢献営業**です。継続貢献営業とは**「つきあうべき経営者に長く貢献し、信頼してもらい、すべてを任せてもらうこと」**です。多くの人が「新規契約はその都度新しいお客さまから契約したもの」と勘違いしていますが、実はそうではありません。

たとえば、50社の企業顧客を持った場合を考えてください。継続貢献して信頼関係を築こうとするなら、月に最低1回は経営者と会うことになるでしょう。すると、役員や従業員の退職金準備や従業員の福利厚生制度などの保険契約を新規で任せてもらうチャンスが生まれます。また、従業員に向けた福利厚生としてライフプランニングセミナーを開催させてもらうことができるかもしれません。50歳に達した従業員向けにリタイアメントプランを提案してみることもできるでしょう。それだけではありません。事業承継対策やオーナーの相続対策など、多くの切り口で新しい契約を期待できる関係が築けるのです。

保険の営業は、キャラクターに頼った営業では、同じやり方を繰り返せるという意味での再現性がありません。人となりは千差万別ですから、これは当然のことです。また、個性に依存した営業を続けていくと、契約まではたどり着けるかもしれませんが、その契約者とずっと長くつきあえるかというと、飽きられたらその時点でおしまいということがほとんどでしょう。

私は、継続貢献営業によって本質的な成功を実現することで、読者の皆さんにも正々堂々とした豊かな人生を送ってもらいたいと願っています。

私は昔、「どうすれば紹介がもらえるのか」「どうすれば保険契約がとれるのか」、そんなことばかりを考えていました。そのような経験をしているからこそ、売りっ放しにしたお客さまに対して電話がしづらくなることを、身をもって知っています。

以前、街で偶然顧客に出会ったとき、私の口から無意識に出た言葉は「社長、ご無沙汰してすみません」でした。皆さんも似たような経験があるのではないでしょうか。これでは、売りっ放しにしていると自ら認めているのも同然です。このとき『これではまずい』と反省し、私はやり方を変えたのでした。

3. 本質的成功のための三原則

(1)成果＝熱意×能力×実践

「どうすれば成功できるのか」。たくさんの方に質問されます。私は成功には三つの原則があると考えます。その一つ目は**「成果＝熱意×能力×実践」**という公式です。

「熱意」とは「やる気」です。「意識レベルを上げること」と言い換えることもできるでしょう。やる気のない人は、その一点においてどうしようもありません。やる気を高める、または意識レベルを上げるのは誰かというと、それは自分自身でしかないのです。成果を上げる、成功を遂げるために、「熱意」は不可欠な要素です。

「能力」とは、具体的に何ができるかということ。つまり〝稼ぐ力〟のことです。能力を身につけ、それをさらに伸ばすことができれば、保険営業には繰り返し実現できるという意味での再現性が生まれます。私は「能力」とは「知識」だと考えます。知識は間違いなく再現性を持っています。知識を学び「実践」することによって、「成果」が生まれるのです。

なぜ「成果＝熱意×能力×実践」という式の形がふさわしいかというと、どれか一つでもゼロだった場合、成果もゼロになってしまうからです。成果を出すためには、どれかを伸ばしていけばよいのではなく、どれも不可欠の要素なのです。

⑵成功に至る四つのステップ

二つ目の原則は、四つのステップです。四つのステップとは次の通りです。

ＳＴＥＰ１「気づく」
ＳＴＥＰ２「決める」
ＳＴＥＰ３「実践する」
ＳＴＥＰ４「続ける」

これらは普段、無意識に行なわれているものですが、意識することで効果が高まります。

ＳＴＥＰ１の「気づく」とは、まさに読者の皆さんが今いる状態ではないでしょうか。本書を開こうと思ったとき、『これまでの仕事のやり方を変えなければならない』と思ったはずです。だから今、本書を読んでいるのだと思います。

では、具体的に「気づく」にはどうすればよいのでしょうか。それには自分の価値観を明確にしてみることです。たとえば、「私が好きなのは顧客から大事にされて、すべての保険を任せられている状況です」とか、「士業とアライアンスを組んでお互いに尊重しあいながら顧客を一緒に守っていくことが大切だと思います」というように、自分の好きなことや大切だと考える状況を思い描けば、価値観を明確に自覚できると思います。自分の価値観に基づいて物事を見るようにしてください。多くのことに「気づく」ことができるでしょう。

ＳＴＥＰ2の「決める」も重要なポイントです。多くの人が「決めたつもり」で満足してしまっています。単に「思っている」や「願っている」のレベルで止まっているのです。これは頭の中で言語化できただけで「決めた」と勘違いしてしまっているのです。ただ漠然と「トップ営業になりたいなぁ」と思うのと「絶対にトップ営業になる」と決めるのでは全く違います。これは業績の悪い会社の会議を思い浮かべてもらえるとよく分かるでしょう。漠然とした「思い」や「願い」だけでは現実は前進しないのです。2時間の会議をして唯一決まったのが次回の経営会議の日程だけという、笑えない会議もあります。

「決める」ということには、捨てることが伴います。どういうことか、一つ目の原則で紹介した「成功には能力を高める必要がある」ということを例に説明しましょう。

能力とは具体的に言うと知識です。自分の知識不足に気づいたら、成功のためには知識を得なければいけません。つまり勉強が必要です。では、今の生活に勉強する時間を加える場合、何かを捨てて時間を確保しないといけないでしょう。たとえば、テレビを観る時間を1時間捨てる。それでも足りなければ睡眠時間をある程度捨てたりしなければいけないのです。

誤解を恐れずに言えば、私は読者の皆さんに、個人保険の個別販売はどこかで捨ててもらいたいと思っています。個別販売をして売りっ放しになるよりも、会社の福利厚生としてライフプランニングセミナーを開催したほうがずっと多くの人の役に立てると思います。その会社に継続的に出入りすることになれば売りっ放しにはならないので、さらに大きな貢献もしていけるのです。

このように、何かを決めたら、同時に何を捨てるべきなのかも考えてください。

「決める」に際してもう一つ重要なことは、具体的に言語化するということです。たとえば、先ほど例に出した「経営者に会う」と決めることも、「1日に5人に会う」と決めるのと、「たくさん会う」とだけ決めるのには大きな差が生まれます。

ＳＴＥＰ3が「実践」です。この段階で多くの人が陥ってしまう間違いが、できない理由探しをしてしまうことです。何もしないうちに言い訳をするのではなく、どうすればできるようになるかを考えることで、できなかったことができるようになります。

もちろん、「実践」しても百発百中はありえません。しかしその壁を突破するのはやはり「実践」しかないのです。たとえば、セミナーを毎月1回実施している人がもっと成果を伸ばすにはどうすればいいでしょうか。答えは「毎月1回のセミナー開催数を月2回に増やす」です。そう決めて実践することは様々な苦労が生じてしまうでしょう。しかし、必ず成長があるはずです。成長は成功の母なのですから。

最後のＳＴＥＰ4は「続ける」です。誰でもすぐに「実践」できるような簡単なことだと、簡単にまねされてしまうため、差別化することはできません。したがって、保険営業マンがすべき「気づく」「決める」「実践」はある程度以上のレベルが求められます。

〝本物〟を習得するには時間がかかるものです。だからこそ「続ける」ことがもっとも重要になるのです。「続ける」ことで知識や技術が蓄積できて、他の保険営業マンに差をつけることができます。続けなければ身につかない、そんな知識や技術こそ、これから保険営業マンが生き残り、本質的な成功を手にするために習得する価値を持つものなのです。

⑶顧客の抱える問題解決を自らの仕事とする

三原則の最後は手段の話です。すべてのビジネスについて当てはまることですが、成功する手段は**「顧客の抱える問題解決を自らの仕事とすること」**、これしかありません。

ここで間違えてはいけないことがあります。たとえば、問題解決の手段として目先の損得で保険を売るようなビジネスモデルは、結局のところうまくいかないということです。

現在は改正により販売できなくなりましたが、一時期、節税保険が一世を風靡しました。多くの保険営業マンが、「社長、こうやったら損ですよ。節税しないともったいないですよ」とアプローチしました。しかし、こんな売り方では企業のプラスにはなりません。

よく考えてみてください。節税とはせっかく出した利益を潰す行為で、企業価値を棄損する行為です。企業経営を行なうなかで最重要のテーマは、毎月、毎年、お金を残すことです。「税金を払わないとお金が残らない」ということが企業経営の本質です。節税は結局のところ〝目先の利益〟でしかありません。税金を少なくするということは、企業の現金を減らすことにほかならないので、長い目で考えると、そちらのほうが損になりかねないのです。もちろん、経営計画全体のなかで節税が必要な場面というものもあるでしょう。しかし、短絡的に「税金は少ないほうが得」ととらえ、顧客に奨めるのは無責任な売り方なのです。

節税保険にメスが入ったとき、多くの保険営業マンが「これで法人保険は売れなくなる」と感じたと思います。しかし、そうではありません。原理原則に立ち返っただけなのです。原理原則とはつまり、「顧客が不満足を覚えるビジネスに将来はない」ということです。そして、**「顧客の問題解決こそビジネスにおける唯一の成功要因である」**ということです。

(4)中小企業経営者が抱えている「問題」

ここで、顧客、つまり中小企業経営者が抱える「問題」について具体的な数字を挙げて考えてみましょう。以下は中小企業庁が調査した数字です(『2019年版中小企業白書』)。

現在、日本にある法人の数は約360万社。そのうち中小企業は約358万社で比率は99・7％となってます。

日本の労働者の雇用比率で中小企業が占める割合は68・8％。やはり大企業が雇用している数は多いものの国民の約7割が中小企業に雇われているのですから、その存在が重要であることは明らかです。

では、その中小企業の赤字比率はどれくらいかというと、約7割が赤字です（国税庁『会社標本調査』）。赤字というのは、たとえば50万円の収入の人が１００万円の支出をする生活をしている状態です。つまりお金が足りません。お金が足りない場合どうするかというと、どこかから借りることになります。しかし、借りたからには返さなければいけません。返すことができないと倒産することになります。

倒産という事柄を考えてみていただきたいと思います。倒産によって誰か一人でも幸せになる人がいるでしょうか。いませんよね。あえて無理矢理あげるとしたら、倒産を支援している弁護士くらいです。

現時点の社長の中心年齢は約66歳。この20年間で社長の中心年齢が何歳上がったかというと、19歳上がりました。ほぼ毎年1歳ずつ上がっているということです。これは、中小企業の新陳代謝がほとんどできていないということを意味しています。２０２５年に70歳を迎える社長の数は何人かというと２４５万人です。２４５万人という数は、企業の約６～７割に相当します。

では、70歳で40～50歳代の働き盛りの頃と同様の経営ができるでしょうか。一般的には難しいと考えられます。70歳だと気力や体力の面でどうしても若い頃よりも落ちてしまいます。何より重要な決断力が鈍ります。実際、高齢化した経営者の会社は業績が悪い傾向にあります。

それでは、2025年に後継者の不在率がどのくらいの割合かというと、だいたい5～6割です。半数以上は後継者が決まっていないということです。

また、後継者がいるのに廃業を決めている社長の数がどれくらいあるかというと、約7割もあります。

なぜ後継者がいるのに廃業するのでしょうか。それは、「今の会社は赤字経営だから、継がせられない」と考える社長が多いからです。こうした事業承継問題がこのまま放置されると、2030年には中小企業が消滅するという見方もあります。これは冗談ではなくて、中小企業庁が発表している喫緊の課題なのです。

中小企業の経営者がどんどん高齢化し、廃業もどんどん進む。すると最終的には中小企業そのものがなくなってしまうというのは当然なのです。

中小企業を取り巻く環境が今の状態のまま続いたとき、2025年の経済損失はGDPベースで22兆円と試算されています。

また、企業活動において最も重要な果たすべき経営責任は、「継続することによって雇用責任を果たすこと」ですが、２０２５年の雇用損失はどれほどの数になるかというと、６５０万人に及びます。それだけの数の雇用がなくなってしまうのです。

以上の数字からわかる中小企業の抱える問題は、次の二つに集約されるでしょう。一つは「財務問題」、もう一つは「事業承継問題」です。

見方を変えれば、読者の皆さんが「顧客の問題解決を仕事にしたい」と考えたとき、顧客となる人がこうした問題を抱えていれば仕事があるということになります。今日の日本では、これらの問題が多発しており、しかも喫緊の課題となっているのです。

「財務問題」について、中小企業が赤字を抱えている比率は7割と示しましたが、実際のところ85%という調査結果もあります。私も現場での実感としてそのくらいだと思います。ただ、財務問題とは「赤字を解消する」という話だけではありません。たとえ黒字の会社でも、その会社に残る金額をより増やすことで企業体質を強化し、企業価値を上げることができます。中小企業経営者にとって企業価値が上がることを嫌がる人はいないでしょう。

「事業承継問題」については、実はこれを解決できる人は非常に少ないのが実情です。

事業承継になぜ問題が生じるのでしょうか。このことは後述しますが、対立軸があるからです。その対立軸というのが、「財務と株価」「親の不安と子の不満」「自社株と相続（集中と平等）」の三つです。

事業承継問題の中心的なプレイヤーとして税理士が存在します。しかし、税理士は基本的に税金を下げることを主眼に対応し、もめる可能性のことについては、残念ながら多くの税理士が「自分には無関係」という態度なのです。

4. 本質的成功に必要な能力とは

⑴考え方を変えて知識と行動のレベルを高める

本質的成功を遂げるためには、まずは考え方を変えなければいけません。**しっかりした考えを持って知識と行動のレベルを高める**必要があります。

そのときに必要な能力は、「財務の知識」です。財務を定義すると「企業のお金の入りと出」です。当たり前と思われるかもしれませんが、非常に重要なことですので、ぜひ覚えておいてください。

財務と切っても切れないのが決算書です。決算書とは「社長の通信簿」であり「経営活動すべてが数字で表記されたもの」であり、「会社の3年間の社会的評価を決めるもの」であり、「社会からの扱いが変わる」ものです。一見するだけで企業にとって非常に重要なものであることがわかると思います。しかし、多くの経営者が漫然と決算書を作ってしまっているというのが中小企業の現実です。

決算書の内容によって銀行等金融機関から受ける評価が変化します。この評価は借入額の多寡や借入金利の高低に影響するでしょう。こうしたことを経営者に伝えてあげなければいけません。それが「財務貢献」なのです。

では、財務貢献に必要な知識とはなんでしょうか。それは大きく四つに分けられます。

一つ目は、**「決算書の深読み」**です。

決算書には経営活動のすべてが数字で表されています。したがって、これを〝深く〟読めるようになる必要があります。

二つ目は、**「決算分析」**です。

決算書を読み、決算を分析する目的は「現状把握と問題抽出」をするためです。企業の現状と抱えている問題がわからなければ、成果を上げることができません。

企業の現状と問題点を指摘できれば、**「だから資金繰りが悪いのですよ」**と説得力を持って伝えることができます。そして問題を解決する方法を教えることができるので、自分に任せてもらえないか、というところまで持っていける。これがクロージングになります。

テクニックに走ったクロージングは必要ありません。まっすぐにクロージングに向かうためにも、決算書を読む力と分析する力が必要なのです。

三つ目は**「保険改善知識」**です。

生命保険という「顧客の問題解決のための部品」を提供して、はじめて保険営業の成果になります。そして、成果を積み重ねていくことが成功につながるのです。

四つ目が**「適正資金調達知識」**です。

多くの人が間違えているのが、この知識を書籍から得ようとしていることです。私の知る限り、適正資金調達について役立つ本は見当たりません。

本質的成功の要因となるのは「学びと実践」に尽きます。知識を蓄え、実践力を養うには書籍では限界があるでしょう。なぜなら書籍では人脈が得られないからです。保険の営業は最終的には人と人とのコミュニケーションです。紙媒体の文字情報から得られる知識に人対人で得られる実践力を加えることで、本質的成功へと効率的に進むことができるでしょう。

⑵財務を健全化する知識・方法を身につける

「どう考えて、誰と会って、何を話すか」。保険の営業はこの三つですべてが決まります。

楽しい話ができる人は大勢います。野球やゴルフの話、趣味の話など、楽しい話題を提供することは、それほど難しいことではありません。

しかし、経営者がそのような楽しい話に本気で興味を示すでしょうか。経営者が本当に関心を持つ唯一の話は、自社の経営です。自社の経営をより安定させ、後継者に円満に承継すること。これだけです。

法人保険営業の基本は、**「経営者の人生を具体的に良くする価値を提供すること」**です。中小企業を元気にすることは日本を元気にすることにつながります。そういう大義を持った仕事をしていただきたいと思います。

では、経営者は私たち法人保険の営業に何を求めているのでしょうか。

経営者にはビジョンがあります。そのビジョンを達成するための情報を経営者は求めています。「情報」とは言い換えると**「財務を健全化する方法」**です。

財務の健全化は決算書に反映されます。決算書は経営者の通信簿と言えるものです。銀行等金融機関が取引先企業の格付けをするのも決算書に基づいて行なわれます。企業の周囲における信頼とは、財務が健全かどうかにかかっています。

そして生命保険という商品は、財務を健全化するための部品になるのです。

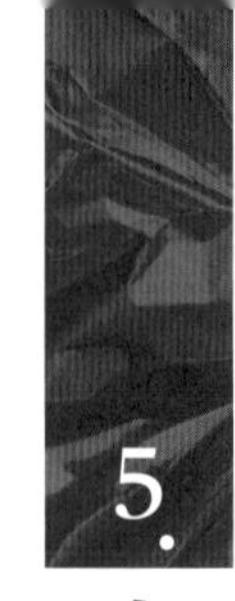

5. 生命保険の三つの機能

生命保険を端的に説明するとすれば、「有効な積み立て手段であり、受取人を指定できる唯一の商品」ということになります。受取人固有の財産であるという特徴は非常に大きいと思います。特に相続対策における遺産分割を実現するための手段としては重要な機能と言えるでしょう。

そして生命保険の本質は**「人に迷惑をかけないために入るもの」**ということです。生命保険には、「死亡保障」「強制貯蓄」「税引き前積立」という三つの機能があります。この「死亡保障」こそ、人に迷惑をかけない前提となるものです。三つの機能を一つずつ見ていきましょう。

⑴死亡保障

契約者が死亡された際に保険金が支払われる保障です。これが人に迷惑をかけないという生命保険の本質を最もよく表しています。

もしものときのために貯蓄をされる方がいらっしゃいますが、貯蓄の場合はゼロから保障を形成していく必要があります。それに対して保険は契約時点で契約金額の保障が約束されます。

企業にとっては、連帯保証債務対策として備えることで、万一の際に債務を相続せずに済むことも特筆すべき点と言えるでしょう。

(2)強制貯蓄

まとまったお金を確実に貯めたい場合、貯蓄では困難です。理由は簡単にお金を引き出すことができてしまうからです。

解約時に解約返戻金を受け取ることができる生命保険は、毎月（もしくは毎年）一定の金額が預金口座から自動的に引き落とされるため、強制的に貯蓄をすることができます。その貯めたお金を引き出すには多少の手間と時間が必要です。したがって、貯蓄よりもお金を貯めるという点で優れていると言えるでしょう。

企業においては、特に役員退職金のような多額のお金を積み立てる手段として有効な貯蓄手段です。

⑶税引き前積立

保険商品にもよりますが、預金口座から引き落とされた保険料は、保険積立金として資産計上する分と、保険料として固定費に計上する分と、それぞれ分けて会計処理することになります。資産計上した分は簿外で積み立てられ、契約によっては支払った保険料とほぼ同額の解約返戻金を受け取ることができる場合もあります。

生命保険契約は長期間にわたる契約となりますので税引き前積立は、多額の積み立て手段として有効です。

ただし、解約返戻金のうち資産計上した保険積立金を上回る部分は、雑収入として利益に加算されるため、その用途（目的）を検討する必要があります。

このように、生命保険はその機能と企業の財務を十分に考慮し、最適なプランを提案するべきなのです。これに対して節税売りと言われた保険は、財務を無視したものと言わざるを得ません。保険料を損金計上して税金を抑えることが目的です。本来、生命保険の機能である死亡保障を無視し、解約ありきの考え方に基づいてしまっています。

金融庁がこうした節税売りを問題視したため、保険業界も販売を見直すことになりました。節税のみを目的とした売り方は、保険の本質的な機能と乖離しています。だからこそエフピーステージは、そのような売り方はしていませんでした。

今後はエフピーステージが取り組んできた**「財務を考慮した保険の本質的な売り方」**が法人保険に求められているのです。

生命保険は問題解決の部品の一部に過ぎません。広い視野を持って、生命保険の本質（三つの機能）を踏まえた提案をすべきなのです。

6. 戦略法人保険営業で顧客の信頼を獲得する

(1)戦略法人保険営業の八つのステップ

私は「**戦略法人保険営業**」という言葉を使います。営業は何も考えずに出たとこ勝負をする仕事ではありません。保険営業マンが安定して成功していくには知識や知恵を駆使した戦略が不可欠なのです。

戦略法人保険営業が大事な理由には二つあります。一つは、自分の強みを活かした営業をすることが成功につながること。もう一つは、顧客に戦略的な営業を指導できるようになることです。

戦略的な営業が実行できている中小企業はほとんどありません。保険営業マンが戦略法人保険営業のノウハウを蓄積することで、そのノウハウを経営者に伝え、企業の営業力強化という貢献もできるのです。

戦略法人保険営業には次に紹介する八つのステップがあります。

①ビジョンの明確化

一つ目のステップは「ビジョンの明確化」です。自分はどうなりたいのか、どうありたいのか。こうした強い思いを最初に明確な言葉にすることが重要です。

たとえば、何のために保険業界に入ってきたのかを振り返ったり、顧客とどんな関係を築きたいかを考えたり、ＴＯＴやＣＯＴなど、高い目標を定めたりすることでビジョンが明確に見えてきます。

ただし、「数年後にＣＯＴに入る」というような表現はお勧めしません。なぜなら、「数年後」という言葉が曖昧だからです。数年後の前に今年のご契約があり、来年のご契約があり、その積み重ねが数年後につながります。直近の目標を立てるからこそ先のビジョンが見えてくるのです。したがって、「数年後に」という曖昧な期間をビジョンに入れることは、目標の立て方として正しくありません。

ビジョンの明確化ができてはじめて、仕事をするうえでのスタートラインに立つことができると言っても過言ではありません。そして、自分が立てた高い目標を達成することで、自信を持つことができるようになるのです。

このビジョンの重要性は、保険営業マンも経営者もコンサルタントも同じです。

②自分自身の強みの明確化と競合の現状分析

二つ目のステップは「自分自身の強みの明確化と競合の現状分析」です。「自分自身の強み」とは他の人が真似できないものであり、他の人と差別化できるものを指します。

自分の強みというものは、自分では気づいていないことが多いものです。なぜなら、自分が得意とすることは簡単にできてしまうため、「これくらいみんなできるだろう」と思ってしまうからです。つまり、客観的に評価することができていないのです。第三者的な視点で見ると強みがよくわかります。そして、この強みを言葉できちんと表現することがとても大切です。

たとえば、前職で何をしてきたか、どんな実績があるか、どんな人脈があるか、提供できる価値はなにか、顧客に寄り添って顧客を大事にする生き方をしているか、といった視点から、強みを発見してみてください。特に「あなたのおかげで」というようなお褒めの言葉を顧客からいただいたら、それは顧客目線で表現していただいた客観的な強みと考えることができるでしょう。仮に強みがなければ、作らなければいけません。ご自身で勉強したり、考え方の転換を図ったりして強みにまで高めるのです。

そうやって自分の強みを三つ挙げてみてください。自分の強みをはっきり言えるようにしておくことは、マンツーマンの仕事をしている人には特に重要な要素です。自分の強みを言葉で明確にすることは、顧客に選択理由を提供することでもあるのです。

試しに私たちエフピースステージの受講生の強みと現状分析をしてみましょう。

保険業界の競合相手は圧倒的に弱いと私は考えています。私だけでなく、誰と会っても負ける気がしないというのが私たちの会員の感覚だと思います。なぜ競合相手を弱いと考えられるのでしょうか。理由は二つあります。

理由の一つ目は低い付加価値。私たちより高いレベルの価値を提供している保険営業マンはほとんどいないだろうという自負です。財務貢献をして保険にお申し込みいただくような形で保険営業している人に私は会ったことがほとんどありません。相続や事業承継を本当の意味で保険販売のコンテンツとして活用している人に出会ったこともありません。

もう一つの理由は圧倒的多数が売りっ放しをしているということです。たとえ相手に貢献したとしても保険契約を得るまでの一時的な貢献の人が圧倒的多数です。継続的に貢献できる営業マンと、そのときだけしか貢献してくれない営業マン。経営者がどちらを信頼するかは自明の理です。

③顧客の選択

三つ目のステップは「顧客の選択」です。要するに、私たちが誰を顧客とするかです。多くの保険営業マンが間違っているのは、目の前の人が顧客だと思い込んでいるということです。

私たち保険営業マンは誰彼構わず片端から顧客にすればよいという考え方では成功できません。第一のステップである「ビジョンの明確化」を達成できる顧客は誰なのかという観点で顧客を選ぶ必要があるのです。自分自身のビジョンを達成できる顧客は誰なのか、長くつきあえる顧客は誰なのかについて、じっくり考えるべきです。

また、ストックビジネスになる顧客は誰なのかという観点で考えることも重要です。顧客の数をどう増やしていくかという観点でも考える必要があるでしょう。

保険業界での仕事経験が少ない人は、まず、顧客の人数を増やすことが重要です。しかし、保険業界で20年も営業経験のある人であれば、これ以上顧客の数を増やしてもフォローできず、売りっ放しにされた顧客の不満が溜まってしまう危険性が高くなります。保全手続きに追われて新規契約の仕事ができないことや、新規契約を追い続けて売りっ放しにしてしまうこと、これらは自分にも顧客にも不幸でしかありません。

そこで私が提案しているのが、**前向きで誠実な経営者50人を選び、継続貢献営業をして、すべての保険を任せていただく方法**です。これが保険営業の本質的な成功を日常実現する近道にほかなりません。

このステップがうまくできていない営業がいるな、と感じた象徴的な出来事がありました。

以前、私が東証一部上場の会長にある貢献をしたところ、非常に喜んでいただけたので、その後会長のご紹介で財務担当である副社長ともお会いしました。アポイントなしの面会でしたので、「5分だけ時間をください」と前置きして、相続対策としての保険の増額をご提案したところ、副社長は「そうだね。どれだけの金額の保険に入るべきか提案してほしい」とリクエストしてくださいました。

大きな会社ですので、最初に相続対策を提案した保険代理店が当然ありました。その保険代理店との相見積もりになるのかと思いましたが、副社長は相見積もりを否定されました。その理由をお聞きしたところ、「契約したあと1回も来ない。来ないことを忠告したことすらあるのに、それでも来ない。だから、あそこはもういいんだ」と断言されました。

これが顧客の心理なのです。つきあいのできた顧客はちゃんと大切にし続ける。それによって継続貢献営業に発展し、結果としてストックビジネスになるのです。

④価値提供

四つ目のステップは「価値提供」です。三つ目のステップで選択した顧客に対して、自分が何を提供できるかを考えます。他の人には真似ができない、顧客が求めている価値が何なのかという視点で考えてください。考え出した価値を顧客に提供できたとき、それは圧倒的な強みとなります。

ところで、保険業界にはびこる弱みを考えたことがあるでしょうか。私はすでに述べたように「低付加価値と売りっ放し」だと思っています。ですから、この逆をやるだけでも強みになります。

もちろん、高い付加価値を提供するためには、顧客の問題解決に必要な手法を勉強し、実践して己を高めていかなければいけません。

たとえば、法人保険営業に必要な基本的なデータ（数字）は押さえておく必要があるでしょう。市場環境を分析し、仮説を立てることは戦略の基礎です。日本の中小企業が何社あるのか、そのうちのどれくらいの割合が赤字なのか、社長の平均年齢……、こういったデータをすぐに話せるくらい市場環境を研究していれば、自ずと顧客が求める価値や、顧客が解決すべき課題を考えることができるでしょう。

私たちが顧客に提供する価値のレベル次第で、顧客は私たちとつきあうかどうかを決定します。そして、このレベルで顧客の満足度が決まり、信頼関係の深さも決まってくるのです。

信頼関係がない状況で保険契約をいただくことはできないでしょう。最終的には、**信頼関係の構築が私たちの本質的成功の最重要要因**と言えます。

また、提供価値の実践が自分自身の将来価値を高めます。しかし、そんなにたくさんの提供価値ができる必要はありません。法人保険営業は財務貢献と事業承継支援・相続の順番で、この二つの価値を提供できるようになれば十分だと考えます。

ある保険営業マンは、個人の保険営業に必死で取り組んで、ようやくＭＤＲＴにギリギリ入会できるレベルでした。その彼が「経営者に対する財務貢献」に提供する価値を変えたところ、経営者の適正資金調達の打ち合わせの場に同席するまでに成長しました。

打ち合わせの場は経験を積む絶好の機会になります。ノウハウがどんどん蓄積されていきました。そんな彼に顧客から社外ＣＦＯ（最高財務責任者）になってくれないかと声がかかるようになります。

決算書を作る際に会計事務所に決算方針を説明する場に同席したところ、ある会計事務所から興味を持たれ、「詳しい話を聞かせてください」と求められました。その結果、その会計事務所の顧客3社と提携し、毎月定期的に顧客の決算書が届くようになりました。

彼は銀行格付けを適正化するという価値を提供したことで、自分のノウハウをどんどん磨き上げ、周囲が彼を求めるようになったのです。

彼は4000人のライフプランナーの中で200番くらいのレベルだったのに、やがてトップテンに入るまでに成長しました。しかも一時的なトップテン入りではありません。彼はノウハウを積み上げ、継続的にトップテンに入ることができる独自の仕組みを構築したのです。

⑤市場の選択

五つ目のステップは「市場の選択」です。ここで言う「市場」とは、どこで自分が営業をするかという意味です。

全国各地を飛び回るのか、自分が生まれ育って友人や親戚が大勢いる地域を中心にじっくりと顧客を広げていくのか、あるいはインターネットで顧客を集めるのか、そういうことを考える必要があります。

私の知っている保険営業マンで「〇〇沿線の顧客しか持たない」と営業地域を限定していた人がいます。よく考えると大変合理的です。彼はアパレル業界に強く、その沿線にはアパレル企業が多かったのです。

移動というコストをどう考えるか。これは多くの保険営業マンに共通する悩みでしょう。たとえば、医療保険1件のご契約をいただいたために毎月1回、半日かけて遠方の顧客を訪ねるのは非常に効率が悪いでしょう。しかし、年商50億円の企業で、年払い1億円の保険料を払える企業であれば、数万円の交通費をかけてでも毎月1回訪ねることでそのコストを十分に回収することができます。

「つきあうべき顧客はどこにいるのか」「お互いに幸せになることができる顧客は誰なのか」、こうした視点で市場を選択してほしいと思います。

ほとんどの保険営業マンは個人を対象に営業をスタートします。しかし、個人保険を専門にすると、平日の昼間は時間をもてあまし、その代わりに土日と夜は仕事が目一杯入ることが珍しくありません。契約数が増えれば増えるほど売りっ放しになる危険性が高くなるのです。

　個人保険の場合、どれだけ一生懸命に仕事をしても一部の天才的な保険営業マン以外は突出した収入に結びつきません。仕事をがんばればがんばるほど、身体の疲労と顧客の不満が蓄積するだけなのです。

　だからこそ、私は企業の経営者を顧客にするほうが合理的だと考えるのです。経営者を顧客にするのであれば、自分が得意な業種で営業をすることができますし、人脈がある業種という観点から開拓していくこともできます。経営者に貢献できる自分の強みを考えていくと、自ずと選択すべき市場が見えてくるでしょう。

⑥顧客創造の仕組み作り

　六つ目のステップは「営業すなわち顧客創造の仕組み作り」です。これは非常に重要なステップになります。私たち保険営業マンは、出たとこ勝負の営業をしているようでは生き残ることができません。出会いを作る最も良い方法は紹介をもらうことです。なぜなら、紹介者の信頼関係がプラスされた状態で営業ができるからです。もちろん、紹介してくださる人が誰なのか、その人の価値によって紹介の価値も変わってきます。だからこそつきあうべき人とつきあうべきでない人がいるのです。

どうすれば紹介をいただくことができるでしょうか。そのためには、こちらの提供価値を上げることが求められます。提供価値の低い人を誰かに紹介しようとは思わないでしょう。紹介したことで恨まれたら踏んだり蹴ったりですから、紹介する方とされる方を双方納得させるだけの高レベルの提供価値を持つ必要があります。常に自己研鑽をして提供価値を高めなければ次の紹介はもらえないでしょう。

⑦つきあう人が求める価値を言葉にする

七つ目のステップは「つきあう人が求める価値を言葉にする」、つまりメッセージ化です。顧客は、あなたが考えるほどあなたのことを知りません。最初出会って、名刺交換をした時点では、「保険営業の人」以上の存在ではないのです。

顧客に自分のことを知っていただくためには、自分という人間が持つ価値を言語化してメッセージとして相手に伝える必要があります。

その際、短く分かりやすく伝えるのがポイントです。相手がイメージできるかどうかが重要なので、あまり長いとかえって価値が曖昧なものになってしまいます。

コミュニケーションの成立は相互理解から始まります。まず顧客に自分のことを知ってもらうのです。知ってもらわなければ出会いを生かすことはできません。

しかし、自分のことを知ってもらいたいからといって、趣味の話や出身地の話をするのはお勧めしません。それは友人関係を結ぶためのコミュニケーションです。私たちがすべきなのはビジネスでのおつきあいです。それならば、ビジネス上の価値というものに限定して自分を表現するのが、もっとも相手に響くコミュニケーションではないでしょうか。

⑧顧客の維持

八つ目のステップは「顧客の維持」です。

仮に、新規顧客を開拓するコストが10とします。このコストは時間と労力を示しています。その場合、既存客に追加のご契約をいただくコストは1くらいではないでしょうか。新規開拓の10分の1の時間と労力で済みます。

追加契約ができるかどうかはとても大切です。経営者と出会ってアプローチして、長期の役員保険だけ契約しておしまいということが圧倒的に多く見られるパターンです。証券会社や銀行はこれに加えて名義変更プランを売るなどすることもありますが、それでもここで終わっていることが多いのです。これは私たちにとって機会損失と言えます。売りっ放しにされた顧客にとっても決して良い状況とは言えません。顧客を維持し続けるためには継続的な価値提供をしていくことに尽きるのです。

以上の八つのステップを、これまでの自分の営業に当てはめてみてください。

特に、自分がどんな価値を提供しているのかは、しっかりと考え直してみる必要があります。提供価値がないと、どれだけ営業スキルを持っていても意味がありません。提供価値がない人が走るのが〝キャラクター営業〟です。とにかく親しくなろうと、手段を選ばずコミュニケーションを図るために、食事をしたりゴルフをしたり旅行に行ったりお酒を呑んだりします。しかし、このキャラクター営業は長くは続きません。はたして顧客が本当にそれを喜んでいるのでしょうか。待ち望んでいるのでしょうか。実はそうでもない、というケースが多いはずです。しかし、価値を持たない保険営業マンはこれに頼るしか方法がないのです。

もう一つ注意していただきたいのが、見込み客づくりの仕組み化です。これは意識しないとできませんが、意識をすれば必ずできる類のものです。

3年前と同じレベルの仕事をしている人は、3年前と同じ仕事しかできていないことに対して恐怖を持つべきだと思います。

自分自身の戦略法人保険営業八ステップをできるだけ明確に文字にしてみてください。実際に書いてみることが重要です。

保険の営業とは勝ち続けなければ生き残れない業界です。勝ち続けるためには戦略が必要です。八つのステップはそのためのヒントなのです。

⑵戦略法人保険営業A君のケース

戦略法人保険営業について、四つ目のステップで少し触れた営業のA君の事例を使って具体的にご紹介しましょう。

A君は外資系生命保険会社に勤めており、38歳、入社7年目の中堅どころです。前職は大手鉄鋼メーカーに勤めていました。

A君が〝うまくいった理由〟は、「顧客のビジョン達成を自らの仕事とした」からです。

A君はエフピーステージの勉強会で財務貢献のイロハを勉強しました。そこで「これは自分にとって顧客を個人から経営者に変えることができるチャンスかもしれない」とすぐに決断したそうです。

A君は自分の顧客を経営者に決めました。この「決めること」が重要です。なぜなら、決めることで次の行動が変わってくるからです。

A君は名刺交換のときに「私は◯◯生命で財務コンサルタントをしていますAと申します」と伝えるようになりました。自分の仕事を「財務コンサルタント」という言葉で明確に語ったのです。そして財務とビジョンの相関を説明しました。ここを明確に説明しないと次に進むことができないので、**ビジョン・アプローチ**は極めて重要です。

こうして決算書や保険証券を見せてもらうことができ、企業の現状把握をすることができます。決算書の分析から銀行格付けの適正化をはかり、その後保険の見直しも行ないました。つまり、新規契約を成功させたのです。中小企業の大半は加入状況とミスマッチを起こしているので、そのズレを修正するために新規加入するのはよくある話なのです。

A君の着眼点が優れていたのは、銀行との付き合い方を経営者にアドバイスしたということです。具体的には、単純な借入金利の引き下げではなく、適正金利にしたほうがよいという**「適正資金調達」**という考え方です。融資条件の緩和や有利な融資条件はどうすれば引き出すことができるかをアドバイスしました。顧客である経営者は、交渉の仕方次第で金利が下がるということに驚かれたそうです。

多くの経営者は「金利を下げてください」程度のことしか銀行等金融機関には言えません。これでは銀行が金利を下げてくることはないでしょう。しかし、銀行が金利を下げてくる道があることをA君は示したのです。銀行交渉のノウハウを他の経営者にも提供して信頼関係を強めていきました。

A君は銀行と企業のつきあいを間近で感じてきたことで、銀行格付けの重要性を十分に理解しました。そしてそれを経営者に対しても説明しました。

経営者は銀行格付けを意識した決算組みをすることで、財務を意識した経営を展開するようになりました。徐々に会社が良くなっていき、その結果、銀行の金利が下がると分かりました。こうした継続貢献営業の結果、３人の経営者から「社外ＣＦＯになってもらえないか」と要請されるほどになったのです。

A君は経営者とともに決算方針を税理士事務所に説明しました。決算月の決算書を作るタイミングで着地予測をもとに今期の決算予測を立てて、方針を決めます。社長に同席して「この決算書を作ってください」と税理士に説明しました。

この決算方針検討会が税理士との出会いの場になりました。税理士から「もう一度詳しく聞かせてもらえないか」と声がかかるようになりました。

A君は銀行格付けの方法とその効果の説明をしました。すると税理士から「この価値をうちの事務所のすべてのクライアントに提供したい」とリクエストされました。それ以来、その税理士が顧問契約を結んでいる企業の決算書をデータで送ってもらえるようになりました。このようにして、A君は継続的に業績を導き出すための仕組み作りを完成させました。これが戦略的な営業、見込み客作りの仕組みなのです。

このモデルは、一部の天才的な保険営業マンしかできないものではなく、誰でも実現可能な仕組みではないでしょうか。毎月決算書が届き、顧客対応をする。企業は高値安定経営ができ、社会的地位が向上していく。このような方法を仕組み化してほしいと思います。

このビジネスモデルの作りやすさは、顧客である経営者はたいてい顧問税理士を雇っていて、真面目な顧問税理士は経営者との決算方針検討会の場が年に1回あるということです。自分の顧客に高付加価値の仕事をしたい税理士であれば、A君が提供する価値は非常に魅力的に感じることでしょう。だからA君のような状況が自然とできたのです。意識してこのような仕組みを作ることができる保険営業は5年先10年先に大きな違いとなって現れるでしょう。

A君のビジネスモデルには再現性があります。つまり、同じことをすれば同じ結果になるということです。「提供価値」と「出会う仕組み」。この二つが高いと高値安定経営が実現できます。A君はすべての保険を任せてもらう入り口までたどり着きました。このような継続貢献営業をしていくことで、私が提唱している「50人の経営者とおつきあいをする」というところにたどり着くに違いないと思います。つきあうべき人と出会うためにはこのような仕組みが重要になってくるのです。

顧客数はいたずらに増やすべきではありません。目標は厳選した50社で十分です。今の良質な顧客を大事にすれば良質な紹介が必ず出るので焦ってはいけません。高付加価値をしたいと希望し、顧問先を大事にしたいと思っている会計事務所と提携することが大きな仕組み化の要になるのです。これが顧客と定期的に出会う仕組みになり、安定的な見込み客作りにつながっていきます。

⑶最初の一歩をどう踏み出すか

誰もが最初の一歩をためらいます。しかし、その一歩が出たら、あとはどんどん前に進んでいくことができます。

私が最初の一歩としてよく勧めているのはメッセージの発信です。**「何かお困りのことはありませんか」**とお客さまに必ず声をかけるのです。これを言うだけですから、今日から始めることができるでしょう。

ビジネスマッチングも有効です。ビジネスマッチングの良い面は人脈が広がったり課題解決力が上がったりするので、自分自身の価値が確実に上がるということです。

あなたは営業をするときに「自分のための仕事」をしていないでしょうか。目の前の顧客に「こいつの貢献は保険の申し込みをするまでだろう」と思われていないでしょうか。

成功できていない人は、うまくいっている人のまねをすることが成功への一番の近道です。先に紹介したA君の戦略法人保険営業の事例は再現性が高いので、誰でもまねをすることができるはずです。

保険営業の仕事は顧客のビジョン達成を自らの仕事とすることに尽きます。だから、そう決めてください。ビジョン・アプローチで**「顧客のビジョン達成が私の仕事です」**と明確化するのです。提供価値向上のために学び、知識を仕入れて実践する。**「財務コンサルティングをしています」**と顧客や見込客に断言することで、保険営業は大きな成功を手にすることができるでしょう。

(4)顧客の信頼を獲得するには

保険とは、顧客に署名捺印していただいてお申し込みをいただき、健康診断を受けていただかなければいけません。顧客がこうした手間を惜しまず行動してくださるようにする要因は信頼ではないでしょうか。信頼があるから顧客は署名捺印して保険を申し込んでくださって、健康診断までを受けてくださるのではないでしょうか。

顧客との信頼関係の構築は、顧客との話の内容で決まります。顧客に会って何を話しているかが重要です。

1回目の面談で決算書や財務諸表をもとに本質論を語ることができれば、これまでのつきあいの長さに関係なく信頼関係を構築できるでしょう。ビジネス上有益な情報をくれる相手が信頼を勝ち取るのです。くり返しお伝えしますが、保険営業でうまくいくかどうかは、誰と会って何をどれだけ話しているかで決まります。競合相手は必ずいますが、その競合相手に勝つか負けるかは一瞬の勝負なのです。

——第二章

財務貢献営業

企業が疲弊している最大原因は、財務について「知らない経営」を続けていること。経営活動のすべては決算書に表れる。目指すべき姿を明示し、自己資本経営の実現に向けた財務貢献が私たちの使命だ。

Episode 02 企業経営者の一人として学んだこと

「知らない経営」を脱し価値向上をはかる

●債務超過の寸前まで追い込まれる

保険営業マンとして掲げた目標、「3年後に年収1億円」を達成した私は、保険会社を離れ、起業家として新たなスタートを切ることになりました。

代表取締役を務めるエフピーステージ株式会社は現在、自己資本比率約90%、総資産に占める現金・預金の比率は約70%と、財務面では良好な状態にあります。ところが、起業から今日までの24年間を振り返ってみると、企業価値が高いという意味での良い時期というのは、それほど長いわけではありませんでした。起業当初は大変厳しい局面があったのです。

経営不振の原因は私自身にありました。一言でいうと「知らない経営」をやっていたのです。24年前の私は、恥ずかしながら決算書を満足に読むことができませんでした。「キャッシュフロー」や「現金損益」などの概念も持てていませんでした。「財務経営」とはどういうことかもわかりませんでしたし、目指すべき経営についても明確にできていませんでした。経営者がそのような状態ですから、企業価値が低い状態だったことは言うまでもありません。

営業はできるのに経営ができない

「営業はできるのに経営ができない」。起業当初、私はたくさんの間違いを犯していました。

第一に、共同経営による失敗でした。株主5人で代表者1人、副社長4人という会社を作ってしまったことです。まさに〝船頭多くして船山に登る〟といった状態でした。

第二に、ビジネスモデルを明確に持たないまま上場を目指してしまったことです。10億円の資金調達でスタートしましたが、いつまで経っても収益を生むことなく、赤字経営を続けてしまったのです。80人の社員で1か月の人件費は8000万円に達したこともありました。私一人ががむしゃらに働いても、80人の社員を抱えることは到底できません。稼いでも稼いでも一瞬にしてお金が消えていきました。経営の原理原則を知らずに、勢いだけで突っ走ったことが間違いのもとでした。忸怩たる思いを抱えながらの、本当に辛く厳しい日々が続きました。

債務超過の寸前まで追い込まれた私は、臨時株主総会を開催して減資を議決。合わせて、減資後の株式を私一人で買い取ったのです。共同経営の解消でした。数百万円で買い取った会社を、1年後には利益が数億円出る会社に仕上げたのです。その後、この会社を数億円で売却。お金を稼ぐ手段とは、PL（損益計算書）で稼ぐ方法のほかにも、キャピタルゲインを得る手段もあることを知りました。これが、M&A事業に参入するきっかけになったのです。

●リーマン・ショックの影響を受け資金ショートに

M&A事業は成功しました。しかし、人は儲けると間違いを起こすものです。私も例外ではありませんでした。事業のかたわらクルーザーを購入するなど、真正面から事業に向き合わなくなっていたのです。

そんな折に、２００８年にリーマン・ショックが起こりました。世界の金融・経済が冷え込むなか、わが国でも資本市場がその影響を強く受けました。

当時わが社では、事業承継事業としてＭ＆Ａや親族外承継の案件を数多く抱えていましたが、それらの仕事がパタリとなくなってしまったのです。その結果、会社は、完全に資金ショートを起こしてしまいました。そのとき私は、お金の苦労を抱えてしまった経営者の苦しみというものが、どれほど辛いものなのかを、身をもって体験したわけです。

企業が目指すべき経営とは、「稼ぐ」ことよりむしろ「毎月お金を残す」ことです。間違いを犯した私の心境というのは、滝に向かってエンジンの止まったボートで進んでいるような状況、多くの人たちを巻き込んでしまうという恐怖感。凄まじい不安を抱えながらの毎日。あのときの思いは今でも忘れられませんし、絶対に味わいたくない出来事でした。

私はまず、自身の役員報酬を全額カットしました。従業員の給与支給を最優先にしたのです。それでも赤字は続きました。現金・預金はどんどん減少していきます。こういう状態に陥ると、会社にとっての明るい未来はまったく見えてきません。そんな甘い言葉では言い表せないほど、辛い日々が続きました。

●企業経営を一から学び直す

赤字で債務超過の時の会社の雰囲気というのは、愉しいはずがありません。月末になるとお金が足りなくなります。経理担当者から私に声がかかります。「社長、今月300万円足りません。なんとかしてください。銀行も貸してくれませんので」。もし幸運にも銀行がお金を貸してくれたとしても、借りたお金を返すことができなかったでしょう。

暗い雰囲気の社内で、社長の私と従業員との間で信頼関係も築けていませんでした。このことも、社長としての責任を果たしていないと痛感した出来事でした。

「経営者として二度とお金の苦労をしたくない。いまこの不幸を作り出している原因は自分の能力不足にあるにちがいない」。私は企業経営を一から学び直すことを決意しました。資金調達はどうあるべきなのか、決算書をどう読めばよいのか、貸借対照表や損益計算書をどう作っていけば企業価値は上がっていくのか…。こうした取り組みを続けていった結果、今日の自己資本比率90％という良好な財務状況作り出すことができたというわけです。

●企業経営には原理原則がある

わが国の中小企業の約7割は赤字です。赤字企業の経営者はいま、私の過去と同じ苦しみを味わっているのではないかと推察します。一人でも多くの経営者に、私と同じ苦しみを味わって欲しくありません。私がその苦しみを克服したのと同じように、自身の能力を上げることで経営を改善し、幸せな人生を歩んでいただきたいと願っています。

企業経営には原理原則があります。どうすれば企業価値を上げることができるのか。そして、その会社に関わる多くの人たちを幸せにできるのか。経営者の人生に寄り添いながら、当該企業の企業価値を上げることで、多くの経営者が抱えているお金の問題から解放してあげること。これこそが継続貢献営業であり、エフピーステージ株式会社の存在理由でもあります。こうした想いを共有できる保険営業マンを多く輩出していきたいというのが、わが社のミッションでもあります。

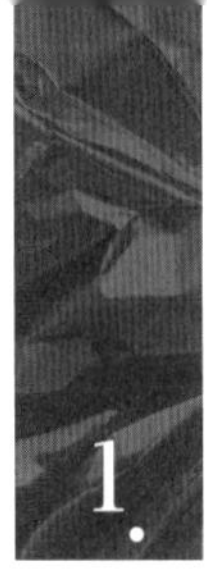

1. 決算書とは何か

(1)自己資本経営のできない中小企業は生き残れない

私たち保険営業マンが財務貢献をすることで、社長が潰れる覚悟をしていたレベルの会社を蘇らせることまで可能です。そうした具体的事例は第五章でしっかりと紹介していますが、財務貢献をするうえで重要になるのが「決算書」です。しかし、その重要性に気づかないまま、行き当たりばったりの経営をしている会社がたくさんあるのです。私はそういう経営を**「知らない経営」**と呼んでいます。

わが国では10年以上継続している企業は全体の6％、30年以上継続している企業になると0・02％しかありません。継続する会社が少ない原因こそ「知らない経営」だと考えています。「知らない経営」をしている社長は、多くの場合、どこに行くべきかという目指すべき経営の姿がわかっていないのです。経営者が目指すべきなのは自己資本経営です。そのためにはお金が残る経営をしなければいけません。

自己資本経営を達成する手段こそ、私たちが推奨している**「現金損益安定黒字経営」**です。毎月、毎年お金が残るような黒字経営を目指すのです。黒字経営とは利益を蓄積していくことです。

しかし、多くの経営者が陥っているのが「税金を払うのはもったいない」という考え方です。そうして税金を減らす手段として利益を潰しています。その結果、会社にお金が残らず、過小資本、あるいは債務超過となって〝弱い会社〟になってしまいます。これこそ多くの会社が10年も継続できない原因だと考えています。

「知らない経営」とは、財務をはじめ、正しい納税に対する考え方や、コンプライアンス、事業承継のあり方、金融機関との関係性など、現金損益安定黒字経営に必要な諸々の知識を〝知らない〟ということでもあります。そうした知識を正しくアドバイスできる人間が今、わが国に求められているのです。

こうした「知らない経営」の状態を打ち砕くのに必要な基本知識が、財務という「金の入りと出」を表すデータです。そして財務のベースになるものこそ「決算書」なのです。

ここでは「知らない経営」をしている経営者を啓蒙するのに欠かせない決算書についてご説明したいと思います。

⑵決算書の重要性がわかる四つの数字

決算書の定義についてもう一度確認しておきましょう。決算書とは、「社長の通信簿」であり、「経営活動すべてが数字で表れるもの」であり、「3年間の社会的評価を受けるもの」であり、「内容によって社会からの扱いが変わるもの」です。

銀行等金融機関はこれまで、企業の決算書をもとに〝格付け〟を行なってきました。銀行が融資を行なう際、この格付けが非常に大きい影響力を持っていました。

銀行格付けとは、銀行によって違いはありますが、「安全性」「収益性」「成長性」「返済能力」の4項目について、129点満点で採点し、企業を10段階に分けたものが一般的です。皆さんは格付けの詳細まで見なくても結構です。要は、決算書の数字を4項目の指標で評価を行なって、それぞれの企業を格付けしていたということです。

2017年、金融庁は地方銀行をメインバンクとした企業3万社にアンケート調査を行ないました。その結果、銀行格付けの重要性を示す証拠とも言える数字が「23%」「45%」「73%」「29%」となりました。日本型金融排除の実態を調査するために企業3万社へアンケートして浮かび上がったものです。この数字を読み解くと、銀行が格付けに利用している決算書というものが、いかに重要かということがわかっていただけると思います。

「23％」とは、3万社のなかで「資金繰りに困った」と回答した会社の数です。約4社に1社が1年間に資金繰りに困ったと回答しているのです。意外に少ないと感じられたかもしれません。しかし、次の「45％」という数字も「資金繰りに困った」という回答です。これは、要注意先格付けをされている会社だけを対象にした場合の割合です。つまり、要注意先格付けをされている企業のうち45％は、資金繰りに困っているということです。

「73％」という数字は何を表しているのでしょう。こちらは、「正常先格付け上位の企業で、融資を申し込んだら借りられた割合」です。正常先と格付けされている企業は7割が必要なときに融資を受けられています。「29％」という数字は、この逆です。要注意先格付けで、借りることができた数になります。

経営者が、銀行にお金を借りたいというのはどういうときでしょうか。それはお金が足りないときです。要するに、他人資本の支払返済ができないときに、金融機関にお金を借りたいということです。

返済が滞ると信用不安につながります。企業にとって信用不安とは、その後の事業展開の足を引っ張る原因になります。たとえば、新規事業をしたいと思ったときに、信用できない相手として警戒されてしまっては、チャンスを逃してしまうこともあるでしょう。

銀行は決算書に基づいて融資先を格付けし融資条件を決定していることが、「23％」「45％」「73％」「29％」という数字から明らかになります。こんなに銀行の格付けは大事だというのに、そのことを知っている経営者は、残念ながらほとんどいません。

この調査によって日本型金融排除の実態が明らかになりました。つまり、銀行が喜んで資金を融資する「正常先」に格付けされる企業は、資金需要の低い安定した会社であり、本当に融資を必要としている企業は格付けによって融資先として排除されやすい傾向があったということです。

こうした現状を受けて、金融庁は、銀行に対して事業性評価による融資をするよう指導しています。決算書という過去の数字だけでなく、事業性という未来の計画に対して融資をすべきということです。したがって、今後重要になってくるのは未来会計であり、経営計画の実現性になります。実際、２０１９年12月には、金融検査マニュアルが廃止されて事業性評価融資に変わってきています。

では、過去会計である決算書の重要性は薄れたのでしょうか。決してそんなことはありません。銀行が決算書を格付けに利用していたのは、企業の安定性や収益性を見るうえで非常に重要な経営指標がわかるからです。事業性評価によって融資が行なわれるとしても、決算書という客観的事実からわかる数値は、今後も銀行の評価や判断に影響を与えることは言うまでもないでしょう。

また、「未来」とは結局のところ「過去の延長線上」にあるものです。したがって、実現性の高い経営計画とは、過去と遊離したものではなく、過去の結果を受けて、それをしっかりと改善していくような計画なのです。ですから、銀行が事業性評価によって企業への融資を判断するようになったところで、決算書を改善することの重要性はまったく変わっていないと言えるでしょう。

こうした決算書の重要性を認識せず、「知らない経営」をしている経営者の力になって、中小企業を元気にする、それこそ私たち保険営業マンが目指す姿ではないでしょうか。

決算書が深く読めると、「決算分析」「決算書の改善策」「保険の改善策」「適正資金調達策」の整理が可能になります。それぞれ知識を要するものですが、経営者が欲しい情報とも言えます。したがって、決算書を深く読めることは法人保険営業にとって強力な武器になるわけです。これらの知識・情報を提供し、企業の財務を強くしていくことこそ、財務貢献営業なのです。

(3)どうすれば決算書を良くできるか

決算書は、貸借対照表と損益計算書で構成されています。「貸借対照表」は過去の蓄積であり、「損益計算書」は社長の儲ける力を表しています。基本的に損益計算書の数字が良くならないと、会社は改善していけません。財務貢献とは、決算書の数字を良くすることにほかなりません。

決算書の数字を良くするには、利益を出さなければいけません。利益を出す方法は二つ。「粗利益の額を増やす」か「経費を下げる」かです。「経費」には変動費と固定費がありますが、固定費を知らないと粗利の額がわかりません。

図表１　貸借対照表

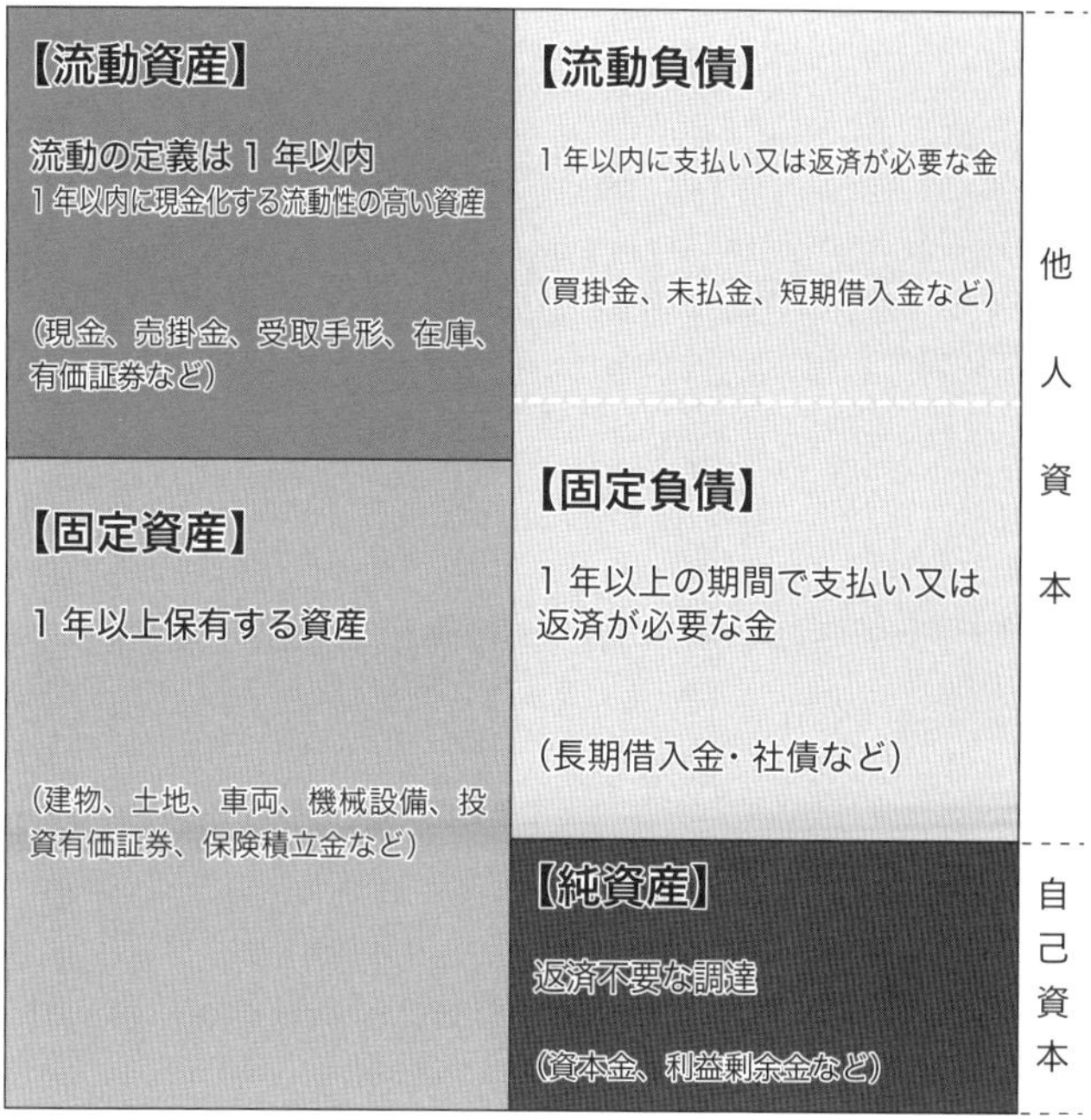

図表２　損益計算書の利益構造

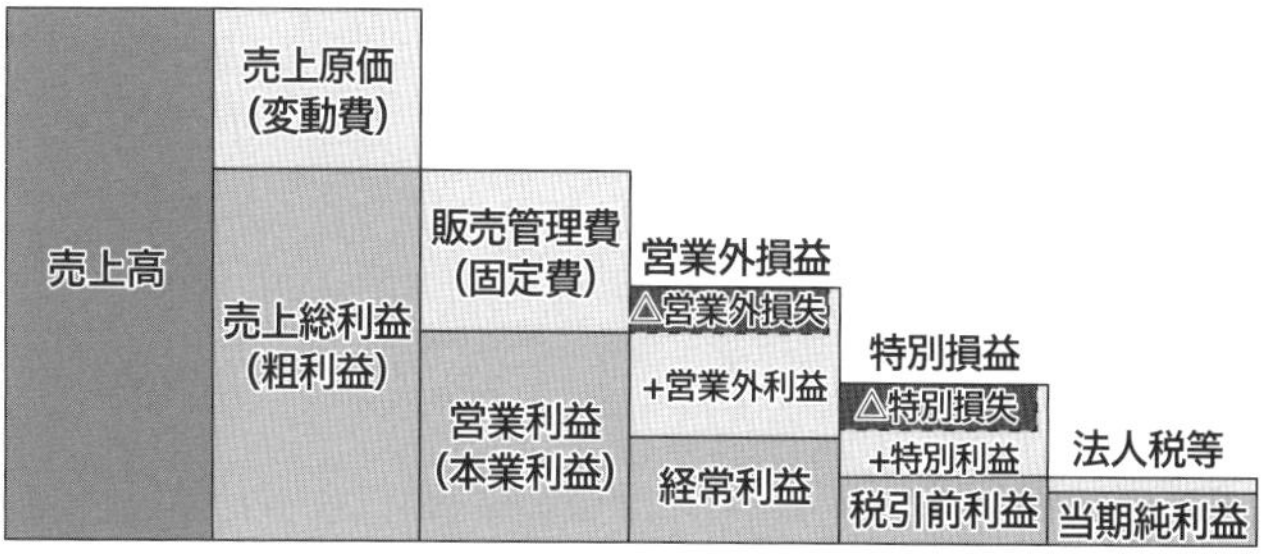

2. 決算書を見せてもらうには

(1)ビジョン・アプローチ

経営者のビジョンを最初に聞くことで、そのビジョンの実現に貢献できるというアプローチをすることは非常に有効です。

ビジョン・アプローチをしてビジョンと財務の相関関係を説明し、相互理解と期待感の高揚を図りましょう。ここでは、**「社長のビジョンを達成するためには財務的な裏付けが不可欠であり、現状の把握と将来の可能性を確認するために決算書と保険証券を見せていただけませんか」**とまっすぐに話すことが重要です。

その際に、決算書や保険証券だけでなく、事業承継や社長の借入れについても聞くことで、企業の問題点を把握し、有効な解決策を提供できるというアピールができるようになります。決算書を見せてもらえる保険営業マンは、「決算書を自分が見ることによってビジョン達成に有用な情報提供ができる」ということを経営者に信じてもらえるだけの説得力があるからです。

ただ、ビジョンを持っていない経営者も2～3割くらい存在します。実態債務超過で成長も発展もない場合や、「どんどん成長したい」など具体性に欠けることしか言えない経営者も少なくありません。

彼らから決算書を見せてもらうには、**「社長が持つべきビジョンとは、今から5年かけて潰れない自己資本経営の会社にすることです。それによって今後の事業承継を円滑に実現する。これが社長の正しいビジョンではないでしょうか」**というように、ビジョンの具体性を示し、共感を得ると良いでしょう。

ビジョン・アプローチによって経営者のビジョンと財務の相関関係と自分の提供価値を伝え、貢献の許諾を取ることができるのです。

⑵保険営業マンが提供できる価値とは

決算書と保険証券をお預かりできると、経営分析をすることができます。

1年間の**現金損益**（キャッシュバランス）がプラスなのかマイナスなのか、マイナスであれば現金が減っていくため、早急に是正しなければいけません。

私が見る限り、資金調達に失敗している会社が非常に多く存在します。その原因は「正しい資金調達について誰も教えてくれないからではないか」と考えています。そうであるならば、私たち保険営業マンが教えられる存在となればよいのです。

現金が枯渇すると会社は潰れてしまいます。また、成長・発展のためにも資金調達力の最大化は非常に重要です。資金調達力を最大化するには企業における銀行の信頼性を上げることです。

これまで融資条件は、金融検査マニュアル等によって決算書をもとに定量評価されてきました。したがって、決算書の改善が資金調達力の最大化につながっていたのです。しかし、すでに説明したとおり、事業性評価においても決算書改善の重要性は変わりません。むしろそれを経営計画に落とし込むことができるかどうかが計画の実現力を表すものになるため、重要性は増していると考えることもできます。

このようなことを経営者に話すことができれば、経営者はきっと保険営業マンの話に耳を傾けてくれることでしょう。

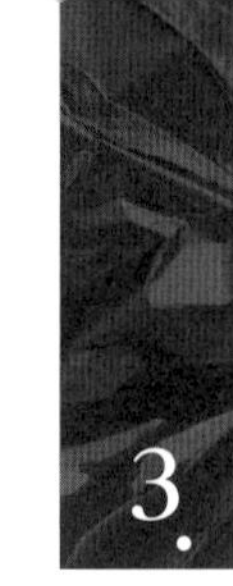

3. 財務貢献とは

財務とは一言で説明すると**「企業におけるお金の入りと出」**のことです。保険営業マンは財務のことを知識として知っているだけではなく、その知識を使えるようにならなければいけません。それこそが「財務貢献」なのです。

財務貢献において最初に行なうのは現状把握です。企業の健康診断と言えるでしょう。決算書を見ることと、経営者からのヒアリングでこれを行ないます。

中小企業の現状把握をする際、ヒアリングは非常に重要です。なぜかというと、〝中小企業独特の読み方〟が必要になるからです。

(1)中小企業の決算書の独特な見方

多くの「決算書の読み方」の解説を見ると、上場している有名企業の決算書を具体例として示しながら説明しています。この決算書は金融商品取引法に基づいて会計士の監査を受けて公開されたものであり、数字を素直に信じることができます。言わば法律によって担保されている〝性善説で読める決算書〟です。

一方、中小企業の決算書の多くは公に監査されたものではありません。経営者が独自の解釈で「これは価値がある」と判断したものを資産に計上していることもあるような〝性悪説で読まなければいけない決算書〟も含まれています。経営者が資産を正しい価値で計上できていないケースは珍しくありません。

中小企業の決算書は性悪説で読まなければならないため、ヒアリングを通して簿価と実態の乖離をあぶり出す必要があるのです。中小企業の現状把握とは、このプロセスであるとも言えるでしょう。

たとえば、繰延資産という項目において、本来は資産価値がないのに「繰延資産」という勘定科目を使うことによって資産計上していることがあります。具体的には、システム開発費や人材教育のコンサルタントフィーなど、資産として実態があるかどうかがはっきりしないものを資産として計上しているケースです。

また、売掛金を2期比較または3期比較したときに、毎年変化がなかったり、増えていたりすることがあります。しかし、売掛金のような流動資産は「1年以内に現金化できるもの」ですから、これはおかしいわけです。固定資産や毀損している資産が放置されている可能性が考えられます。

また、含み損にも注意します。土地が購入時の価値で計上されているが、実際はかなり安くなっていたり、有価証券やゴルフ会員権などが実際よりも高価にとらえられたりしているケースも珍しくありません。

このように、実態が定かではない資産が資産として計上されている可能性を考慮し、ヒアリングして実態を浮かび上がらせなければならないのです。

⑵決算書の数字で注意すべきもの

決算書の数字がわかれば、銀行が格付けに使っていたような経営指数を算出することができます。経営指数とは自己資本比率や流動比率、債務償還年数、総資産経常利益率（ROA）などです。こうした経営指数を使う理由は、それぞれに基準値があり、基準値と現状との乖離を定量的に見ることができるからです。

銀行によって企業の格付けが行なわれていたときは、収益力だけで最高評価を得ようとすると、3期連続黒字を達成しなければいけませんでしたし、1回でも赤字になってしまうと3年間ずっとそれを引きずっていました。「収益力」というものを銀行がどれだけ重視していたかがよくわかります。もちろん、事業性評価となっても銀行が収益力を無視するとは考えにくいので、現状把握の際はチェックすべき項目と言えるでしょう。

しかし、問題の抽出という点で考えたとき、もっとも注意して見てもらいたい勘定科目が三つあります。それは**「貸付金」「立替金」「未収入金」**です。この三つは決算書に存在すること自体があってはいけません。

私はこの三つの数字を**「悪の三勘定」**と呼んでいます。これがあると銀行から経営者の人格さえもが疑われてしまいます。金銭にルーズで、公私の区別ができない経営者だから貸付金や立替金、未収入金を作ったとみなされてしまうのです。

(3)悪の三勘定

決算書を見る際に、最初に確認してもらいたいことが「悪の三勘定」がないかどうかです。貸付金、立替金、未収入金の「悪の三勘定」は、本来存在してはいけない勘定です。

銀行は事業資金としてお金を貸しています。事業資金とは主に設備資金か運転資金になります。しかし、「悪の三勘定」があると、銀行としては事業資金として融資したお金が返済されることなく、迂回融資として使用していると判断するのです。ちなみに迂回融資

図表３　悪の三勘定

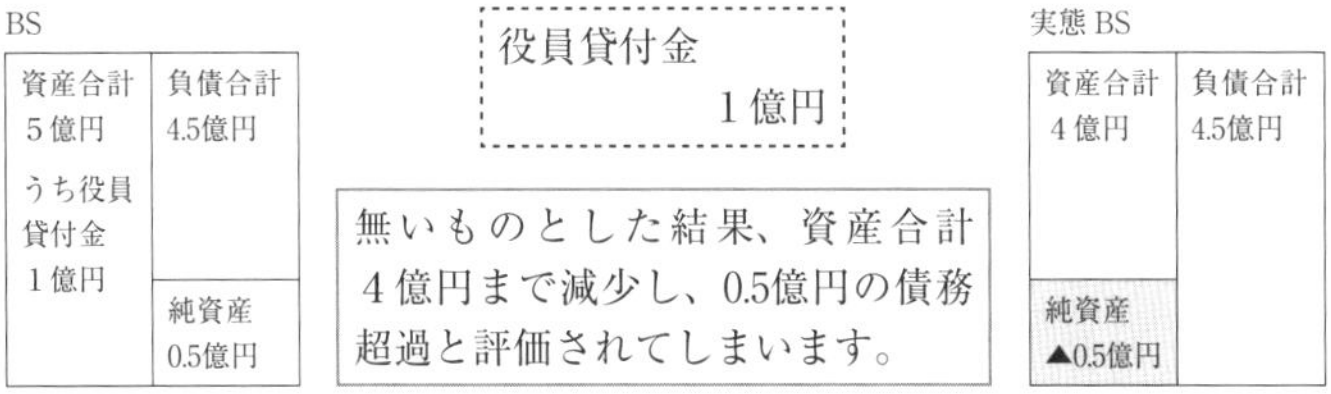

BS

資産合計 ５億円 うち役員 貸付金 １億円	負債合計 4.5億円
	純資産 0.5億円

役員貸付金
１億円

無いものとした結果、資産合計４億円まで減少し、0.5億円の債務超過と評価されてしまいます。

実態BS

資産合計 ４億円	負債合計 4.5億円
純資産 ▲0.5億円	

とは、簡単に言えばお金の〝また貸し〟のことで不正行為になります。たとえば、資産には1億円の役員貸付金があり、会社の純資産０・5億円という状態の会社があるとします（**図表３**）。しかし、実態は役員（社長）が「会社の金は自分の金」とばかりに使っているもので、この1億円は返されないものと考えられてしまいます。すると、この会社の実態は０・5億円の債務超過になってしまうのです。

銀行は「悪の三勘定」がある会社を、「経営者が公私混同するだらしない経営をしている」ととらえます。

「悪の三勘定」が発生している原因は何かというと、お金の使い方の間違いということが多いと思われます。決算書が悪い原因は基本的には二つしかありません。赤字か、お金の使い方の間違いかです。

もし、皆さんが決算書のなかに「悪の三勘定」を発見したら、「これは迂回融資と判断されます。経営者の資質を疑われる勘定科目です」と、単刀直入に伝えなければいけないでしょう。それくらい注意が必要な勘定科目なのです。

銀行による格付けが行なわれていたときは、「悪の三勘定」があると、格付けが正常先から外れ、銀行から長期間の融資を受けられなくなるケースがありえました。また、「悪の三勘定」があって実態債務超過の企業に対して、銀行は金利を高く設定する傾向があったのです。「悪の三勘定」は、債務者区分として正常化先と見られず、要注意先と格付けされてしまう可能性を高める要素と考えることができたわけです。

融資を受けられない企業は閉塞状況に陥るリスクが増大してしまいます。事業性評価においても「悪の三勘定が悪であること」に変わりありません。企業が社会的な評価を得るためには、貸付金があることは望ましくないのです。

「悪の三勘定」とは、企業にとって存在しないほうがよい〝悪勘定〟です。もしも決算書にそうした勘定科目があった場合、私たちが財務知識を活用し、正しい処理ができるようアドバイスすべきです。事業承継を控えた企業があった場合には、「悪の三勘定」を解消することで後継者が継ぎやすい企業にしてあげるべきでしょう。

「悪の三勘定」がある会社でも、営業赤字か営業黒字の二つに分けることができます。もし営業黒字で後継者が存在するというケースであれば、経営者の経営ビジョンとしては「財務を良くして円滑な事業承継をしたい」と考えている可能性が非常に高いでしょう。

したがって、「悪の三勘定」を改善していくことについて反対されることはまずないと考えられます。営業赤字の会社は営業黒字にしないと何もできません。

(4)解決策を提示する

問題を解決する場合、何をすべきかの点について明確にすることが重要です。損益計算書を改善しなければ、貸借対照表は改善しません。赤字を黒字にしなければ貸借対照表は良くはなりません。

利益を増やし、特別損失で毀損資産を落としていくというのが財務貢献で最初に行なうセオリーになります。利益を出しても、そのまま申告をしてしまうと、法人所得税が約3割かかるからです。

貸借対照表に毀損資産がある状態を放置する経営者と、放置せずに毎年きれいに処分している経営者の間には雲泥の差が生まれます。

たとえば、価値のない商品在庫、回収できない売掛金、返ってこない貸付金、回収できない立替金など。こうした状況を解消できないものとして特別損失で落とすことをオフバランスと呼びます。これをきちんとやっていくと、決算書で大きな違いとなって表れます。

財務改善とは利益の最大化です。利益の出し方は二つしかありません。粗利益の額を増やすこと、もう一つは固定費の額を下げることです。

粗利益の額を増やすための方法としては、「売上を上げる」か「粗利益率を改善する」という二つのパターンがあります。私はこれまでたくさんの会社とおつきあいさせていただいてきましたが、ほとんどの会社が粗利益率を意識していませんでした。あるいは粗利益率をルール化していませんでした。利益は知識と意識で増やすのです。

「当社の売上はいくら。粗利益率はいくら。よって粗利益額はいくら」という数字は、掛け算をすれば計算できます。それにもかかわらず意識していないため、利益の最大化ができていないケースが非常に多いのです。

固定費についても、固定費削減の努力をしている企業は多くは見かけません。逆に言えば、このような基本的な対策から財務改善に入っていけばよいということです。

経費のなかには、削るべき経費と削るべきではない経費があります。削るべきではない経費とは利益に関係する経費で、特に人件費は絶対に削ってはいけない経費と言えるでしょう。他の経費を削ってでも人件費は維持すべき経費です。人件費を削ると負のスパイラルに突入することが目に見えているからです。

「利益を最大化するために固定費を下げる」ということは簡単には言えますが、固定費を劇的に下げることは難しいものです。また、売上を上げると言ったとしても絵に描いた餅で終わるケースが多々あります。

したがって、手始めに売上に関しては**「前期並みに売り上げる」**という意識で良いと思います。〝前期〟という実績があるので、不可能なことを言っているわけではないですし、妥当な線ではないでしょうか。ただ、そこで終わらないことです。**「粗利益だけは、ルール化されていないのであれば今の15％を5％さらに改善して20％にしませんか」**などと提案することが重要です。このように目標となる数字を設定して経営していくことを私は「基準経営」と呼んでいます。

たとえば、現状として営業利益が3期連続2000万円とします。10億円という売上を変えることなく5％粗利益率を改善した場合、2000万円だった営業利益が7000万円になります。意識した経営をすることで5000万円も増やすことができるのです。粗利益率の改善は大変効果的な利益の最大化になるということがわかると思います。

——第三章

中小企業の事業承継問題を解決する

企業にとっての本質的成功とは経営者および従業員の幸福の追求であり、永続的発展がそれを支えていく。スムーズな事業承継に欠かせないのは士業との連携だ。私たちの継続貢献手腕の見せ所である。

Episode 03 物心両面の幸福の追求

「理念経営」「戦略経営」「財務経営」

●すべての契約の源泉は信頼関係である

保険営業にも企業経営にも、誰もがそうだと認める原理原則があります。「すべての契約の源泉は信頼関係である」というのも、原理原則の一つです。

たとえば、今日出会ったAさんと、10年にわたって関わりのあるBさんと、どちらとより信頼関係が築けているか。当然Bさんですよね。そのBさんの保険契約のすべてを賄えているか。保険営業マンの皆さんには、この点を考えていただきたいと思っています。

つまり、お客さまと長い時間軸で接することが、結果として双方の幸せにつながるということです。この信頼関係は、私たち保険営業マンの提供価値に対する顧客の合意によって成立するという関係にあります。これがまさに継続貢献営業です。継続貢献営業には、私たち自身の成長が不可欠です。提供価値レベルを上げていく努力ということ。私自身、5年前と今とではずいぶん変わっています。「目的とする経営とは、財務経営である」。以前からこのことを大事にしていましたが、最近は違う観点から企業経営を考えています。それは「一貫経営」です。具体的に言うと、「正しい目的を持った経営から始まるべきではないか」ということです。

経営の目的を表しているものが「経営理念」です。経営理念についても深く考えてみます。「経営の目的は何かというと社会貢献である」「世のため人のために経営を行なうべきである」ということです。

渋沢栄一が遺した書物に『論語と算盤』があります。これは「人格を磨くと同時に利益を追求する」という考え方を示したものです。これを企業経営で考えてみると、経営者がどんなに道徳を大切にしたとしても、債務超過の状態では会社は継続できません。一生懸命、倫理を学ぶ経営者がいますが、会社が赤字では人を大切にはできないのです。要するに、「論語」と「算盤」の両方を実現させる取り組みが必要ということです。

経営理念を掲げている企業というのは、おそらく全体の半数に満たないでしょう。経営理念があったとしても、それが社内に浸透していない、経営理念はあってもお題目で終わっている、全員で唱和はするけれども誰も行動に移していない、そんな企業がほとんどでしょう。

折角の経営理念が会社全体に行動レベルで根付かないのはどうしてなのでしょうか。何が悪いのでしょうか。理念の中身が悪いのでしょうか。たしかに、理解できない理念もあれば、できても共感できない理念をたくさん見かけます。共感できなければ浸透しません。

模倣理念から始めてみることが大事

経営理念は実践しなければ意味がありません。実践して成果を出すこと。そこに至って始めて「理念経営」が実現するわけです。

無から有はなかなか作れないものです。ですから、最初は模範的な経営理念の模倣で構いません。模範的な経営理念とは、「全従業員の物心両面の追求」と「人類社会の発展に貢献すること」。これは素晴らしい経営理念だと私は思います。会社は、経営者は、まず誰を大事にするのか。従業員なのです。

「物心両面の幸福の追求」という経営理念。なぜこれが大事かというと、ＥＳ（従業員満足）がCS（顧客満足）を作るからです。従業員が満足していない会社が顧客を大事になどできません。CSが高くなれば顧客は会社や商品を好きになって買ってくれる。買い続けてくれることで会社は安定的に黒字を計上できお金が残るのです。結局、利益は何かというと、「企業の継続コスト」であり「従業員を大事にする原資」です。お金がないと人を大事にできませんし、報酬を払えません。

「人を大事にすること」は甘やかすことではありません。幸福とはどのような状態を指しているのでしょうか。三つあると考えます。一つ目は人から感謝されている状態です。いくら仕事をしても常に蔑まれる状態では幸福とは言えません。二つ目は成果を出している状態、つまり活躍している状態です。成長を実感できることが大事です。成長しているからこそ顧客から感謝されるわけです。三つ目は安心の状態です。いつ潰れるかわからない状態やいつクビになるかわからない状態というのは、従業員にとっては不安でたまりません。いま多くの人たちが抱えている未来の不安とは、老後資金2000万円不足問題に見られるような老後の不安も大きいでしょう。

会社としては、従業員が成長するための場や環境の提供を行なったり、教育システムや人事評価システム、退職金制度や業績賞与の制度の構築といった取り組みに、事業で増やした利益を優先的に活用していく。このことが、「全従業員の物心両面の幸福の追求」にかなうとともに、企業の未来を良くする「理念経営」の実現となっていくのではないでしょうか。

三つの質問「実態固定費」「実態粗利益率」「損益分岐点売上高」

現時点で企業価値を上げることができている、企業価値をさらに最大化できている経営者はまずいません。その原因は知識不足にあると私は見ています。

企業価値を最大化するための知識とは何でしょうか。「実態固定費」「実態粗利益率」「損益分岐点売上高」。これらの知識がないと、利益を最大化し企業価値を上げることはできません。そこで私は、経営者に対して必ずこれらに関する三つの質問をしています。

「社長、御社の固定費はいくらですか」。固定費を尋ねてみても、たとえば「月々1000万円だから年間1億2000万円ですよ」というように答えられる経営者はおそらく全体の5%もいないでしょう。次の質問、「御社の実態粗利益率はいくらですか」「御社の損益分岐点売上高はいくらですか」まで答えられる経営者はほとんどいないと言ってよいでしょう。製造業の場合なら、「変動費の中には固定費として労務費が入っているので、それを外した実態原価が明確になってはじめて実態粗利益が算出できます」。そういった分析まで行なったうえで、「実態粗利益は38％です」というように答えられる経営者は少ないのです。固定費がわからなければ損益分岐点売上高はわかりません。これらの質問に答えられない経営者を前にしたとき、私は「まだまだ利益（企業価値）を出せる余地がありますね」と答えています。「知らない経営」を脱却すれば、企業価値は必ず上げられるからです。

●Y社への一貫経営アプローチ

ここで、ある建設業のY社に訪問した際の経営者とのやりとりを通して、具体的にどのように経営改善を図っていくのかについてご紹介しましょう。

五島「御社の今期の売上は15億円とのことですが、公共工事の依存率は何％でしたでしょうか？」

社長「だいたい70％ですよ」

五島「この地域の公共工事の将来予測を見ると、3年後にはその半分になりますよね。今期の営業利益は2000万円でした。今後同じ仕事を継続したとして3年後の営業利益と経常利益がいくらになるか、計算していますか」

社長「していません」

五島「では、粗利益で計算してみましょう。売上高が15億円。このうちの70％が公共工事です。この半分が減るわけですから、売上は35％減るわけです。いま、御社の実態粗利益率は何％ですか」

社長「わかりません」

五島「計算してみると35％ほどです。では、減る粗利益がわかりますよね。売上が減った分だけ利益も減ります」

社長「ざっと1億5000万円以上減るということか」

五島「このペースで粗利益が推移した場合、あと何年で会社が潰れてしまうか計算できますよね。このままでは3年で潰れます。これに対して何をしていかなくてはいけないかわかりますか。抜本的な変革ではないでしょうか」

※

五島「ここまで、御社の財務面の話をしてきました。次は戦略の話です。御社の強みはなんでしょうか。よく考えてみてください。特定していま答えを出してくださいね」

社長「我が社は造成工事と戸建て住宅の基礎工事が一環としてできるのが強みです」

五島「では、それを求める顧客企業はこの地域で何社くらいありますか。それに対してアクセスしていますか。営業していますか」
社長「特に何もしていません」
五島「すぐに実行しましょう。それと、利益を増やす手段はいくつかお持ちですか」
社長「いや、とくにないですよ」
五島「売上を増やしても利益が増えるとは限りません。固定費を下げるか粗利を増やすか。この二つが利益を増やす手段になります。固定費の中で今後下げられるものは何がいくらありますか」
社長「う〜ん、すぐには思い当たらないですが」
五島「経費を使う目的とはなんでしょうか。利益を生むためですよね。では、利益を生まない固定費はなにかありませんか」
社長「交際費で１０００万円程度は減らせるかもしれない」
五島「それを減らした場合、利益は１０００万円増えますよね。他に減らせる経費はありませんか。社長、事業承継したばかりと聞きましたが、先代の会長には役員報酬をいくら払っていますか」
社長「先代の役員報酬は年３５００万円払っていますよ」

五島「それをゼロにしてもらってください。そうすると、１０００万円に３５００万円をプラスして４５００万円、これだけ利益が増えます。これを前提としましょう。さらに、『35％の粗利益率』、これも当然、改善の余地がありますよね。ではまず、目指すべき利益はいくらだと思いますか」

社長「わかりません」

五島「資産はなんのために持つのでしたか」

社長「利益を生むためでしたね」

五島「いま総資産はいくらですか」

社長「17億円です」

五島「では、17億円に対してＲＯＡ（総資産経常利益率）10％を目指しませんか」

社長「そうすると、利益は1億７０００万円になりますね」

五島「今期の営業利益は２０００万円でした。経費の削減で４５００万円。同じ売上を達成するという前提で、粗利益率を５％改善させたら利益はいくら増えますか」

社長「え〜と、いくらになるかな」

五島「15億円の売上に対して５％改善できるのですから…」

社長「7500万円増えますね」

五島「ということは、売上を増やすことなく粗利益を5%改善、固定費は4500万円下げるわけですから、1億4000万円の利益が出ますよね。さらに売上をあと1億円増やしたら、1億8000万円の利益が出せる計算です」

社長「そんなに増えるものなのか…」

五島「社長、この利益を出すことを決断しましょう」

社長「わかりました」

五島「この出した利益の使い方もしっかり考えましょう。まず利益の33%は、〝全従業員の物心両面の幸福の追求〟に使いましょう。たとえば社員教育。外部研修に使う費用としてこれだけ確保しませんか。業績賞与や退職金準備に当てるお金にしてもよいでしょう。あとの67%は、会社を強くするために内部留保に回しましょう。こういう経営でよろしいでしょうか。お願いします」

●経営者に「できるぞ」が生まれてくる

少し長くなりましたが、建設業Y社への一貫経営のアプローチをご紹介しました。Y社社長とのやりとりを実行に移していくと、エンパワーメントが起きてきます。経営者は「できるぞ」と思い始めるのです。

財務は数字の根拠が必要になります。一方、経営には戦略も大切です。つまり、この三つ「理念経営」「戦略経営」「財務経営」に経営者が取り組めるようになってはじめて、自己資本経営が実現していくということです。

ポイントは、企業が利益を生んでいるかどうか。生んでいないとすれば、従業員が利益を生んでいないということです。それは誰に問題があるのかというと、社長の経営に問題がある。それを変えていくための理論というのは、「理念経営」「戦略経営」「財務経営」、すなわち一貫経営であるということです。

社長とともに立てた経営改善計画の進捗状況については、毎月チェックしていきます。こうした関わりが、経営者を勇気づけていきます。経営改善を3年、5年と続けていくとどうなるか。いまは自己資本比率10%、他人資本比率90%の会社でも、自己資本比率60%まで改善することは十分可能です。

こうした取り組みを中小企業にアドバイスできる担い手が増えていけば、多くの中小企業が元気になっていくに違いありません。

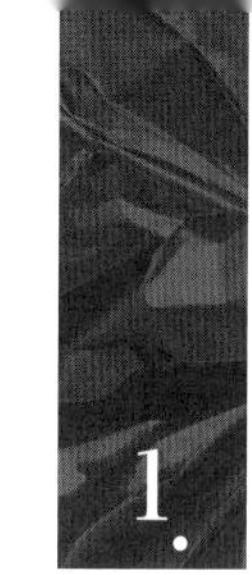

1. 中小企業における四つの事業承継問題

保険営業マンが事業承継に取り組むとき、最初に事業承継税制の勉強から入る人がいます。しかし、事業承継税制が私たちの仕事につながるかどうかということを考えてみると、おそらくあまり効果はないと思います。私たちの仕事は生命保険の契約をいただくことです。事業承継の本質的な問題を「税」だけと捉えていては、生命保険の契約をいただくことはできないでしょう。「節税できるから生命保険に入ってください」というセールストークだけで保険契約がもらえる時代ではないのです。

では、事業承継における本質的な問題とはどのようなものでしょうか。

私は事業承継において問題となるものは六つあると考えます。そのうちの四つが「財務問題」「後継者問題」「自社株問題」「相続問題」であり、特に重要な問題です。あとの二つは「連帯保証債務問題」「納税資金問題」です。

これら六つの問題について簡単に確認しておきましょう。

「財務問題」は、もっとも重要な問題です。企業にとって財務問題は、事業承継だけでなく営業活動全体を通じて課題となるものですから、経営者はこの問題の解消を提供できる味方を絶えず求めています。財務問題の解決とは、お金が残る経営に変える、黒字化です。

次に「後継者問題」です。後継者がいる場合、後継者が継ぎたくなるような会社にしていくことが重要です。そして、すでに述べたように、後継者に安心して継いでもらうために財務の健全化は不可欠です。そのために黒字の最大化をしていくことがポイントになるでしょう。

もう一点、後継者問題として注意すべきなのは、後継者の育成です。自社の強みを生かした財務経営ができれば会社は強くなっていきます。戦略財務経営ができるように、私たちが後継者の方を教育指導して差し上げればよいと思います。たとえば、後継者に決算書の見方を指導することは財務がわかる経営者の育成につながり、後継者とも深い信頼関係を築くことができるでしょう。

次に、「自社株問題」です。平成2年以前は、旧商法によって7人の発起人が必要であったため、特に昔の会社に多い名義株によって問題が生じます。

名義株とは、地域の名士に会社の株を持ってもらうというもので、自社の信用度を高めるためにいろいろな人に株を持ってもらうことが一般的でした。その株主が高齢化して相続が発生すると、経営者の知らない株主がどんどん増えていくことになります。自社株を把握できなくなってしまうほかに、反対株主というリスクも生じます。

こうした自社株問題を解決するには、会社や後継者が株を買い取ればよいのです。しかし、そこで重要なのは買い取る原資があるかどうかということになります。会社に原資があるのなら後継者が役員報酬を上げて買い取ることも可能ですし、会社に内部留保すなわち現金があるのであれば会社が買い取ることもできます。

ただ、自社株の評価の複雑さには注意が必要です。自社株の価格は誰が受け取るかによって変わります。それは自社株の価値を算出する方法が、誰がどういう状況でもらうかによって変化するからです。事業承継において自社株の価値は「時価」で評価することになっているのですが、客観的な価値をつけにくいという問題があるのです。1株の価値が10倍くらい変わるケースもあります。これがトラブルに発展する原因になりやすいところです。

上場企業であれば、株式市場によって売り手と買い手がつくことで客観的価値がわかりますが、非上場である中小企業はこうした客観的な価値がつきにくいのです。しかし、売買の際には「時価」と決められているので、専門家の間でもデリケートな問題として扱われています。

「相続問題」は、相続対策における遺産や財産の分割問題です。会社という財産を、相続する子息や妻に分割して与えることで会社の経営力が低下してしまうという深刻な問題です。そこで、私たちができるもっとも基本的な貢献である〝生命保険に入っていただくこと〟が非常に有効な手段となります。生命保険に入ることで財産の分割をスムーズに行なえる可能性が高まります。

「連帯保証債務問題」は、借金の保証人を後継者が引き継ぐかどうかということで生じる問題です。常識的に考えれば、「大きな借金を背負いたくない」というのが多くの後継者が思うところでしょう。では、どのようにこれを解決していくかというと、「現金損益安定黒字経営」にしていくことです。将来に向かって安定的に黒字を続け現金を増やしていくことで返済が可能になるというわけです。

最後に「納税資金問題」です。資産性の生命保険に加入しておけば納税資金を作ることができます。

事業承継において生命保険を活用している例はあまり多くないように感じます。しかし、前に挙げたような事業承継の本質的な問題に対して、私たちが扱う主力商品である生命保険は、問題解決の部品として十二分な機能を備えているのです。

多くの経営者は事業承継の重要性は認識していますが、深くは考えていません。本質的な問題を浮き彫りにして、その問題の深さに経営者が気づいたとき、思うことは「どうやってそれを解決すればよいか」です。そこで私たちが「このような解決策があります」と提案するわけです。

2. なぜ後継者が決まらないのか

(1)赤字の会社を継ぎたい後継者はいない

わが国の約80％の会社は現金損益がマイナスで、損益赤字を抱える企業は約70％を占めます。いずれの赤字企業も「お金が足りない経営」に陥っており、こうした経営では事業を継続することができません。また、後継者もお金の苦労をしながらでは企業を継ぐことはできません。

赤字の企業は事業を継続することが困難、もしくは不可能です。したがって、後継者候補である経営者の子息も事業承継をためらってしまうというのが実情です。

中小企業における事業承継問題のひとつに「後継者の不在」がありますが、これは**「赤字だから継ぎたくない」**という人が多いからではないかと考えられます。

しかし、会社が1億円の黒字だったらどうでしょうか。おそらく「継ぎたい」という人が出てくると思われます。なぜなら、後継者候補となる子息がいなくても、黒字会社の経営に魅力を感じる社員なども現れる可能性が高まるからです。

1億円以上の利益が出る会社であれば、従業員が自社株を買い取るためのお金を銀行から借りたとしても、会社のキャッシュフローで返済することができます。EBO（エンプロイー・バイアウト）という手法です。ちなみに経営陣がこれを行なった場合はMBO（マネジメント・バイアウト）と呼びます。

また、資本と経営を分離するためにM&Aという手法で事業承継をするという選択肢もあります。もし1億円以上の利益が出る会社であれば、買い手も探しやすいでしょう。また、買収額も5億円以上が期待できます。

このように、黒字の会社であれば事業承継に対して希望を持つことができるのです。しかし、残念ながら中小企業が事業承継問題を抱えているということは、赤字であることが大きな要因のひとつになっていると考えられます。

私たちが支援することによって手元に現金が残る経営、つまり、現金損益安定黒字経営を実現できれば、事業承継問題のうち後継者が見つからないという課題を解決できる可能性が高まるのです。

では、どうすれば現金損益安定黒字経営ができるでしょうか。それは、自社の強みを活かし、「目指すべき経営」をすることで会社に現金が残るようにすることです。しかし、多くの経営者は成り行きで経営をしてしまう「知らない経営」に陥っています。

自社の強みを把握して活かし、なすべきことをきちんと明確化することで企業価値を向上することができます。私たちはそのお手伝いをすることができるのです。

後継者の育成は非常に重要です。ここに貢献することは保険営業マンの大きな強みとすることができます。たとえば、後継者に対して財務的な知識を提供し、決算書の読み解き方の勉強会をするなどして顧客の信頼を勝ち得ることができるでしょう。

経営者自身が後継者の育成をしていくことも重要ですし、銀行などのステークホルダーすなわち利害関係者の協力も必要です。いろいろな角度から後継者に必要な戦略財務経営力を授けていくことがポイントです。

⑵親と子が対立するわけ

事業承継をすると、先代の会長とその子息の社長が対立するという話は珍しくありません。なぜ対立するのでしょうか。これは創業者と二代目経営者のバックグラウンドの違いによって当然生じる事態なのです。創業者は会社を設立してからいくつもの失敗や経験を重ねて会社を育ててきました。対して二代目経営者は、創業者が体験したような失敗や経験をせずに、最初から成熟している会社のトップになるのです。

したがって、創業者は経験不足の後継者に口を出したがり、二代目経営者は引け目を感じつつも社長扱いされないことに反発してしまうのです。後継者に強さを感じない、リーダーシップがないと考える創業者は、会長となってからもあれこれアドバイスをしたがりますが、〝子ども扱い〟されることが余計に社長の威厳をなくすとして反発されてしまいます。

また、価値観にも差異があります。創業者は豊富な経験を持ち、たくさんの苦難を乗り越えてきた自負があります。一方、二代目経営者は時代の流れに対する柔軟性を持っています。創業者が過去の成功体験をもとに判断しようとするシーンで、市場のトレンドを考慮した大胆な判断をすることができます。たとえば、創業者が根性論で乗り切ろうとするシーンで、二代目経営者はデータを駆使した選択をしようとします。経営に絶対の正解はないため、こうした価値観の違いは、なおさら対立する理由になってしまうのです。

そして、実は親と子の対立にも財務が関係しています。創業者が口を出してしまう一番の原因は、後継者の経営に不安を覚えるからです。経営への不安とは、「赤字にならないだろうか」という不安にほかなりません。つまり、財務が安定していて赤字になる心配がなければ、この対立は回避することができるのです。

現金損益安定黒字経営を達成し、赤字への不安を払拭することは、事業承継をスムーズに行なうだけではなく、事業承継後の会長と社長の対立予防にも役立つというわけです。

また、表面に出ないすれ違いのようなものもあります。親子という親しい間だからこそ、お互いを慮ってしまうのです。実際、事業承継計画を三者でお話ししたあと、個別に話すと、「さっきはああ言ったけど実は…」という展開が珍しくありません。

このような対立やすれ違いは、感情的な問題に発展しやすいものです。そんなときに客観的な第三者の立場にある保険営業マンや士業の専門家が橋渡しをすることで、円滑なコミュニケーションを促し、事業承継とその後の経営を両者が協力して行なえるようになるのです。

3. 困難な事業承継を成功させるために

(1)経営者へのヒアリングがカギ

士業やコンサルタントを含めて、多くの人が事業承継問題は高度な知識が不可欠だと思って敬遠しているのではないでしょうか。実際、ここまで深刻な社会的課題となっているので、そう考えても致し方ないと思います。

しかし、経営者に丁寧にヒアリングをして、きちんと専門家と連携すれば、決して取り返しのつかないような社会問題ではありません。

まず、被相続人である社長がどうしたいのか。これを確認しなければいけないでしょう。社長のビジョンを聞かなければ、アドバイスのしようがありません。

次に後継者の候補はいるのかどうかです。いたとしても後継者候補として適性を持っているかどうかが重要です。多くの企業は後継者候補を決めてから、次期社長として育成をします。この育成度合いも事業承継においては重要な要素になるのです。

そして、もっとも重要な質問が**「現在、会社が儲かっているか否か」**です。

借金はあるのか、あるなら増えているか減っているか、銀行の格付けはどうなっているか、現金損益安定黒字経営ができているかといったことを確認します。言うまでもなく、これらは決算書を見せてもらえれば確認することができるでしょう。

このほかには、株価や株主の確認があります。株価によっては移転コストがネックになる可能性があります。株主構成については、古く歴史のある会社ほど複雑な傾向がありますす。これは、名義株といって名義株主として地元の名士に株主を引き受けてもらったりしていたからです。株主になってもらうことで地域の有力者から協力を得ていました。

実際に、私が担当したことのある会社では株主が27人もいたケースがあります。オーナーである経営者の持ち株比率は22％しかありませんでした。銀行から見ると「この会社は本当に社長さんのものなのですか？」と言われてしまいかねません。

また、自社株が分散していると、それだけ〝面倒〟な株主がいる可能性も高くなります。これは名義株を頼んだ相手とは良好な関係を築けていたのに、その方が亡くなって関係の薄い相続人に自社株が渡った場合などによくあるケースです。株主総会に出てきて反対ばかりされては迷惑です。したがって、株主が誰かということは事業承継において無視できない項目と言えるでしょう。

事業承継で無視できない要素と言えば、相続人というものも外せません。経営者の後継者はすでに決まっているものの、その人以外にも相続人がいる場合、家族の関係によってはうまく話し合いができないケースも考えられます。つまり、経営者の財産をどう分けるのかということです。これは非常に重要ですので、第四章で改めて解説します。

事業承継のヒアリングをするうえで気をつけなくてはならないのが、「経営者の希望を聞くのであって、言いなりになるのではない」ということです。

私たちが目指すべき事業承継理念は、**「もめない、困らない」**というものです。どんな経営者でも「もめたい、困りたい」という方はいないでしょう。しかし、経営者の希望によってはそれが「もめる原因、困る原因」になる可能性があります。

たとえば、過度な節税です。税金ばかりに意識が向いてしまい、事業承継上のトラブルに発展してしまうことがあります。

正しい知識を持って、適切なアドバイスを行なうためのヒアリングをするようにしてください。

(2)保険営業マンが貢献できる事業承継対策

ヒアリングを丁寧に行なえば事業承継ですべきことは自ずと見えてきます。それでは、会社が事業承継をするときに私たちがお手伝いできることは何でしょうか。

これは当然、生命保険を使った対策ということになります。

たとえば、株価が高止まりしている場合、自社株を後継者に移す際のコストが高くなりますから、株価を下げるために利益を圧縮する必要があります。この対策に生命保険を活用するのです。

また、遺産分割をするために、生命保険のなかで資産性の生命保険を法人契約と個人契約を含めて活用することも大事になるでしょう。会社経営に必要な財産は集中したほうが合理的ですから、複数の人間に遺産分割する場合、会社の資産は分けないようにするのです。

ちなみに、法人契約で資産性の生命保険を契約するケースを私はあまり目にしたことがありません。「契約者＝法人、受取人＝法人、被保険者＝社長」という法人契約の資産性の生命保険はあまり一般的ではないのです。この例からも、相続対策が法人で十分に行なわれていないことが見て取れるのではないでしょうか。保険契約で多いのは長期定期保険が核になったものです。遺産分割のための生命保険を法人契約で行なうことは、非常に有効な手段であるにもかかわらず、多くの人が気づいていないという状況です。

納税資金の準備においても生命保険は有効です。保険金を活用した納税資金準備という選択肢を経営者に提示していってもらいたいと思います。

事業承継は、専門家だけしか関われるようなものではなく、私たち保険営業マンでも、十分に経営者に貢献することができるのです。

ただし、注意しなければならないのは、法律によって専門家の独占業務として規制がかかっているような業務です。代表的な例が、弁護士法と税理士法です。

逆に言うと、そうした独占業務以外なら保険営業マンにもできるということです。専門職にしかできないことは、専門職の人に任せるしかありません。だからこそチームを組んで連携して取り組むことが重要なのです。私たちは社長からビジョンをうかがい、その実現に向けて方向性を作っていって差し上げればよいのです。

その方向性を作るための部品が生命保険です。経営者に**「事業承継のビジョンを聞かせてください」**と伝える一言が、事業承継を支援するための第一歩です。

これまでおつきあいしてきた会社の保険を拝見して目についたのは、役員保険だけの契約や、長期定期保険だけの契約といった「単品で終わる保険」です。誰かが法人保険営業をして契約をもらったのでしょう。しかし、せっかく会社から保険契約をいただいているのであれば、相続や事業承継の話も絶対に併せて行なうべきなのです。経営者であれば、ほとんどの人が相続や事業承継に無関心ではいないはずです。相続や事業承継の仕事を通して信頼感を高めたら、さらに福利厚生の話をするといった具合に、継続した貢献をすることが可能です。

このように、保険営業マンの皆さんには、継続的に保険の発注がなされるような仕組みを計画的に作っていってもらいたいと思います。「単品で終わる保険」を営業するだけでは、営業側も大きな利益になりませんし、経営者としても根本的な課題が解決されないままなのです。

4．士業との連携で顧客の問題を解決する

事業承継はこれからの日本が抱える大きな社会的問題であるにも関わらず、現場では対策が大幅に遅れています。その大きな要因の一つとして、事業承継に関わる専門家（士業専門家）の実践的な知識や経験不足が大きいと考えられます。

事業承継は多角的な視点と専門領域外の多くの周辺知識が要求される、極めて高度な業務です。現状、各士業が対症療法的な対策しか行なえず、バランスのとれた全体最適という観点からの解決が実行できていません。また、士業の間での認識のズレという課題もあります。

たとえば、税理士の考える事業承継は株価評価、節税が中心になります。これに対して、司法書士の考える事業承継は種類株式の積極活用と少数株主対策が中心になります。このように、同じ事業承継なのに士業間で認識に差異があるのです。

どうしてこのようなことが生じるのでしょうか。それは第一に専門領域の違いにあります。試験科目を見てみると、税理士試験では民法・会社法を学ばず、司法書士試験では税務・財務を学びません。知らないことはアドバイスできないので、自分の専門領域でしか事業承継を扱ってくれないのです。

各士業が専門領域のみならず周辺知識を体系的かつ継続的に学ぶ場が必要です。各士業が、自分の専門領域から一歩でも外れると適切に応えることができないのが、今の事業承継の現状なのです。

事業承継は法務、税務、財務を体系的に学ばなければいけません。しかし現状では、大半の士業が合格後はルーティーン業務に入ってしまい、こうしたことを勉強する機会がまりありません。

たとえば、税理士なら顧問業務を、司法書士なら不動産決済や会社設立に関する業務を日々こなすだけになってしまうのです。

エフピーステージにおける講座には、こうした状況に危機感を抱いた士業の方も勉強に訪れています。相互に連携することで効率的な事業承継をクライアントに提供できる仕組みが、受講者の間で作られています。

⑴事業承継における弁護士の役割

弁護士は紛争の顕在化した案件（株主代表訴訟、取締役・監査役の責任追及などの場面）には強いのですが、会社法の細かい条文や手続きに精通している先生は意外と多くありません。それも仕方のない面があって、弁護士は取扱い分野が極めて広く、専門分野が細分化される傾向にあるためです。会社法の分野は特に専門性が高い業務であり、事業承継の際に弁護士に相談する場合は、会社法に精通しているかどうかを見極めることが重要になります。

では、弁護士は事業承継において、どんなときに必要とされるのでしょうか。

まずは「相続争い」が考えられます。事業承継対策の過程で、紛争が顕在化するケースがあります。多くは遺産の分配率に不満を持つ相続人が原因です。

ほかには「少数株主争い」があります。事業承継対策の過程で、少数株主が株式買取請求や会計帳簿閲覧申請等を行使してくる場合、企業防衛をする必要が生じ、争いに発展するのです。

また「経営権争い」も考えられます。会社内で後継者がきちんと決まっていない場合、経営権争いが顕在化し、争いになるケースがあります。

このように、事業承継において弁護士が果たす役割も存在するため、連携ができるに越したことはないでしょう。

(2)事業承継における司法書士の役割

士業のなかで最も会社法に精通しているのが、司法書士です。

司法書士は事業承継において議事録の作成や登記を行なうことができます。事業承継スキームを組むにあたって株式交換や株式移転を行なうことがありますが、その際に登記業務が発生するのです。しかし、大半の司法書士は事業承継に関連する業務よりも不動産決済業務に流れてしまいます。

また、商業登記を扱っていても、会社設立・役員変更といったオーソドックスな登記が大半で、事業承継まではカバーしていないケースが多いようです。また、税務・財務に精通している司法書士は少ないというのも現状です。

事業承継においては種類株式設計や組織再編などにも対応できる、本当に会社法に精通している司法書士を探すことが重要です。

(3)事業承継における税理士の役割

事業承継において税理士や公認会計士は、次のような業務を担当します。

●顧問税理士業務→資金繰り：記帳代行や、目先の法人税を下げることに徹しBSを毀損させてしまう税理士もいるので、キャッシュフローを意識し、銀行格付けを意識したアドバイスができる税理士が求められる。

●資産税業務→相続税対策・事業承継対策：法人税、所得税、相続税のバランスを見ることが重要。

事業承継に携わる士業のなかで主なプレイヤーとなるのは税理士です。その理由は、事業承継の提案というものが銀行からなされるケースが多いことに関係しています。銀行は大手の税理士法人と連携しており、事業承継を提案する際に、大手事務所の税理士を紹介します。この場合、税理士にとっての顧客は銀行になるので、彼らが作る事業承継スキームは自然と銀行に融資をさせるようなものになりがちです。

このスキームが、事業承継をする企業のことを第一に考えたものになっているかどうかというと、疑問符がついてしまうケースもあります。

さらに、日本税理士会連合会によると、２０１９年6月末日現在、税理士の登録者数は日本全国で7万7947人となっていますが、多くの税理士は事業承継の経験が少ないというのが実状です。

なぜなら、銀行の提携する税理士が大手税理士法人に集中するからです。その結果、大手税理士法人に所属している税理士もしくはその出身税理士以外は事業承継を経験したことがない、案件がなかなか回ってこない、という状況が生じています。

したがって、事業承継に関しては税理士によって能力の差が激しい分野と考えることができます。

事業承継においては、特に相続税に精通している税理士を探すことが重要になるでしょう。エフピーステージが提供しているセミナーでは、事業承継をするにあたって、事業承継のことがわかっている司法書士と税理士、そして財務がわかる保険営業マンでチームを組むようにしています。顧客本位の「もめない、困らない」事業承継をしようとするならば、チームの連携が不可欠なのです。相互に得意な分野を組み合わせることが重要です。

Column

赤字が企業のコンプライアンスを破壊する

コンプライアンス（法令等遵守）を考えるうえで重要なのが、「お金の問題が人の問題に発展する」ということです。コンプライアンス違反が起きる原因の多くはお金に関することです。会社のお金の公私混同もありますが、企業というものはお金が足りなくなるとコンプライアンス違反に陥りやすい体質になってしまいます。

お金がないと経営者も余裕がなくなってしまい、コンプライアンス違反に対する意識が希薄化してしまうことは珍しくありません。結果として、コンプライアンス違反が損害賠償請求の問題などに発展し、さらにお金の問題を生んでしまうという悪循環に陥ってしまいます。

知識不足を原因とするコンプライアンス違反も多く存在します。たとえば、役員貸付金です。株主総会決議を通していないケースが圧倒的に多いですが、これはコンプライアンス違反となります。しかも刑罰にまで発展する行為であることは意外に知られていません。社長が何気なくやっていることがコンプライアンス違反になる、ということをアドバイスすることは、健全な企業を増やすうえで欠かせない要素ではないでしょうか。

⑴取締役の義務および責任

取締役が株式会社の管理・運営を適正に行なうことを確保するため、会社法等は取締役に対し、善管注意義務（会社法第330条、民法第644条）、忠実義務（会社法第355条）を課しています。取締役がこれらの義務に違反し、それにより会社に損害を与えた場合、会社に対してその損害賠償する責任を負います（任務懈怠責任。会社法第423条）。株主は、会社に代わって、取締役の任務懈怠責任を追及する訴訟を提起することができます（株主代表訴訟。会社法第847条）。

では、「善管注意義務」「忠実義務」とは具体的にどういうものなのでしょうか。

取締役は、株式会社との間で委任関係（信頼に基づいた過程責任）に立つことから、善良な管理者の注意を持って、委任事務（株主総会で委任された責任）を処理する義務を負っています。そのため、取締役（役員）は委任者である株主に対して、善管注意義務、自ら事務を処理する義務（取締役の能力・個性に着目してその人を取締役に選任したという法律理論)、報告義務（顛末報告義務）が課せられているのです。

⑵法令・定款・株主総会決議の遵守義務

取締役は、法令および定款ならびに株主総会の決議を順守して、その職務を行なう義務を負っています（会社法第３５５条)。

取締役が職務を執行するにあたり法令を順守することは当然ですが、重要なのは善管注意義務の内容に定款変更や株主総会の決議の遵守義務も入っていることです。

会社法上、取締役は会社の所有者である株主から委任を受けている立場であり、定款変更には株主総会の特別決議が必要となるため、定款は株主から取締役の職務執行を委任する根拠となるものです。

そして、株主総会は会社の所有者である株主が自らの意見を反映させる機会として非常に重要な位置づけであり、会社の機関（取締役会や代表取締役など）としては最高位に位置づけられるため、株主総会の招集通知を株主に出さない、全株主の了承なしに株主総会を省略するといったことは、取締役の職務執行の前提である株主の意思を欠く重大な法令違反行為に該当します。

したがって、株主には会社の所有者として会社に対して会計の報告を求める、議題を提案することができるといった「株主権（少数株主権）」が認められています。日本の中小企業の大半が招集通知を現実に発送せず、株主総会を現実に開催していないという事実に照らせば、株主総会の不存在を理由とした決議の無効や取締役の善管注意義務違反を理由に責任追及することは容易であるという現実があります。

要するに、コンプライアンスを守ることが、中小企業自身を守るという認識を持って経営をしていくことが非常に重要になります。

——第四章

経営者の相続問題を解決する

自社株を後継者に集中させるとともに、他の相続人の相続分に配慮した遺産分割対策を実行していく。経営権と財産権、この二つの承継を見事に解決できるのが生命保険にほかならない。

Episode 04 誰が経営者を支えていくのか

自ら成長して価値提供力を上げていく

●ほとんどの経営者がお金の苦労を体験している

弊社で開催している社長塾で、100人の経営者に次の質問を投げかけてみました。「過去、お金の苦労を体験されたことはありますか」。98人の経営者が手を挙げました。続けて尋ねてみました。「どんな苦労でしたか」。ある経営者が次のように教えてくれました。「従業員に給料を払えませんでした。クレジットカードでキャッシングして工面したこともありました。非正常先で借入金利は4%。銀行に厳しく追及されるなど管理下に置かれました。銀行主催のゴルフコンペにさえ招待してもらえません。とても悔しい思いでした。利益のすべては返済に回ってしまい、内部留保がまったく貯まりませんでした」

まさに経営者の悲憤が語られています。そんな状態で社内が明るくなるはずがありません。

「誰のために学ぶのか」を考える

私自身のキャリアを振り返ってみても、いま多くの中小企業が置かれている状況と同じでした。仕事のパフォーマンスは良かったり悪かったり、結果が出たり出なかったりの繰り返し。不安定な状態のときもありました。結果をもたらす最大の原因は何か。自問自答しました。「これは原理原則ではないだろうか」「では、いまの不安定な状況は原理原則を外しているからなのか。はたまた本質を見誤っているからなのか」。

一方、自分の価値提供力が低いことを痛感する時期もありました。そのとき自分はどんな営業活動をしていたかというと、「今よりもマシな保険加入の方法」というレベルの価値しか顧客に提供できていませんでした。「今よりもマシな」というのは、要するに損か得かと同義ですから、「そのレベルでは保険営業で成功はできない」と立ち止まって考えたわけです。本当の意味で成功できていないということは、当然、顧客企業のＰＬも悪い、ＢＳも悪い、そんな状況に陥っている。原理原則にはいくつもありますが、まずは「顧客の問題解決を果たす」ことができるかどうかではないだろうかと。

勉強の習慣が身についていない、あるいは勉強そのものが苦手という人もいるかもしれません。そのことで壁にぶつかる人もいるでしょう。その際には「誰のために学ぶのか」と考えてみてください。自分のためにではなく人（顧客）のために勉強すると考えると随分変わるものです。

●世のため人のため

つきあうべき人を選ぶというのも原理原則の一つです。お金儲けを目的とする人とつきあうのは、あまり良い結果を生みません。やはり「世のため人のため」という考え方を持っている人とは、長く良い関係を続けることができます。

企業経営とはなにか。やはり「世のため人のため」という社会貢献をベースにした考え方を持っている経営者とつきあいたいと思います。私たち自身が社会貢献を実践することで顧客企業の価値が上がっていく、そんな営業活動を理想として掲げるべきですし、多くの経営者にそのことを伝えていくべきでしょう。社会貢献の考え方に共感していただければ、考え方が変わり行動が変わっていくものです。

原理原則とは本質です。話の中に本質が見えなければ、正直嫌気が差してきますし、本質が入っている話はとても有意義です。それがわかっていることが人との出会いを生かせるか生かせないかにつながります。その原則をわかっていると、起こすべき行動も変わります。

たとえば、こんなことがありました。先日、会計事務所にサービスを提供している会社（X社）と面談する機会がありました。X社からの弊社に対するオファーは次のようなものでした。

「クライアントに対して会計事務所がやるべきだができていない財務貢献の案件について、御社で対応してくださいませんか。財務貢献のための説明資料をいくつか用意しているので、その内容通りに対処してください」

このオファーは、仕事の本質を外しているなと直感した私は、まずはオファーを断りました。

「私どもは次のように考えます。本件の本質は会計事務所の変革ではないでしょうか。代表税理士の高齢化が進んでおり、残された若いスタッフで会計事務所を承継するのが困難な時代になってきています。低付加価値の結果による顧問料のダンピングも起きています。その結果として、顧客不満足が起きていないでしょうか。これまでとは全く異なる考え方で、会計事務所が生まれ変わる必要があると思われます。主に、財務支援と事業承継支援が、会計事務所の存続に欠かせない取組み課題ではないでしょうか」

「すべての顧問先に対して財務分析を行ない、問題があるのであれば経営改善計画書を経営者と一緒に作成し、そこからスタートを切って企業価値を上げていく。そんなやり方に変えていくことを進めるべきではないでしょうか」

結局のところ、自ら変わらなければ、なにも変わりません。「考え方と仕事のやり方を変えるべきではないか」と強く訴えかけた結果、X社との提携で合意に至ったという出来事でした。

●保険営業マンとしての〝賞味期限〟が切れる

いまでこそ、「社会貢献という原理原則に基づくこと」や「価値提供力の向上が本質的成功に欠かせない取り組み」と確信していますが、ここに至るまでには、私自身、様々な紆余曲折を体験してきました。

保険営業マンとしての私は、入社直後からすごい勢いで保険を売っていました。ところが、あるとき「お客さまへの貢献といっても、まだまだレベルが低いのではないか」と思い始めた時期があり、結果として成績不振に陥った時期がありました。保険営業マンとしての〝賞味期限〟が切れると言うのか、勢いがある時とそれが衰えた時とで、どれだけの逓減が起きるのか。こういうことは、どんな優績者であっても経験していることと思います。言い換えれば、自分自身がお客さまにとって「役立たず」という意識でした。

●「1日5人の経営者に会う」

保険営業マンだった当時、先輩のなかには年収1億円プレーヤーはいませんでしたし、仕事の相談をする同僚もいませんでした。ただ、当時の閉塞状況を打破していくためには、個人保険中心の売り方から、法人保険中心の売り方に変えていくべきではないか、という考えを漠然とイメージしていたのです。それでも、当時は「とにかくたくさん売れればいい」とそればかりを考えていました。

そんななか掲げたのが先述した「1日5人の社長に会う」という活動目標でした。しかしこれは、ハードルがとても高い目標です。普通は「5人は難しいから3人にしよう」など、目標を下げるのが一般的でしょう。本当に高い目標をやり遂げようとする人はほとんどいないと思います。それほど実現がとても難しいハードルでした。しかし、私は「立てた目標にとことんこだわる」「なにがなんでも必ず達成する」と固く決意をしたのです。

実際、行動に移していくと、いろんなことがわかってきました。一件目のアポイントは朝遅くても9時。面談時間は45分。移動時間を考慮して、以降のアポイントは11時、13時、15時、17時。このスケジュールを達成できれば、5人の経営者と面談して18時には仕事が終わります。しかし、実際はそううまくはいきません。経営者からキャンセルが入ることもありました。私の提供価値が低く面談の優先順位が低いと判断されれば、経営者は他の用件を優先してしまうことがあるわけです。これでは、1日5人の経営者との面談はかないません。そこで私が採った方法は「いつでも会える経営者を5人持つ」ということでした。

そんな経営者の方々と夕食を共にします。もちろん、その方だけとは会いません。「どなたか経営者のご友人をお一人、ご紹介いただけませんか。今日は3人で食事をしましょう」と依頼をするのです。結果、1人のアポイントがキャンセルになったとしても、逆に6人の経営者と面談することができるなど、挽回することが可能になるわけです。

このように、一見高すぎる目標でも、チャレンジするなかで不可能が可能になっていくという体験をしました。要は「絶対に達成するんだ」という強い気持ちを持てるかどうかです。

そうは言っても、1日5人の経営者となかなか会えない時期がありました。他方、個人保険は毎日動けていました。昼間はなるべく経営者と面談します。夕方以降には個人保険の営業活動です。18時、19時頃にご主人がお帰りになって食事をされます。保険の商談はそのあとで、商品説明からクロージング、申込手続きまで、22時、23時までかかることもありました。そんな夜の遅い時間でも必ず会社に電話をしていました。すると、マネージャーが待ってくれていて、一言、「グレイト！」と声を掛けてくれたのです。それがとても嬉しくて。そんなサポートを覚えています。私が一番弱かった時期にマネージャーのサポートのおかげで、良いテイクオフができたと思っています。これが92％の成約率につながりました。

●プレゼンテーションの定義

個人保険を数多く売る過程で、自分なりにプレゼンテーションの定義を定めることができました。一つ目は「わかりやすく」、二つ目は「説明は短時間で」、三つ目は「判断材料をしっかり提供すること」。この三つです。これを認識していないと、長々と生命保険の説明を続けてしまい、目の前の顧客はうんざりしてしまうのです。「生命保険の話をしたときにお客さまはどう感じるか」を意識しておかないと、自分勝手なプレゼンテーションに陥ってしまうのです。

30分でプレゼン、クロージング、手続き、そして談笑。これが理想的な流れです。30分以内に説明できるよう理論構築できるかが保険営業マンとしての腕の見せ所です。

仕事を終えて帰宅して、「あなたにもしものとき」という話を延々2時間聞かされるお客さまの立場で考えてみればすぐにわかることではないでしょうか。せめて、保険営業マンの側にも親切心や誠意が必要です。ところが、「売りたい」が先行してしまう、売れるまでしがみつきたがるのも、保険営業マンの悲しい性。そういった状況に陥らないためにも、知識としてのバックボーンがなければなりません。

保険営業マンとしての3年間、私は毎週、連続挙績をやり遂げました。しかし、連続挙績は生命保険を売るがための行動にすぎませんでした。個人保険の個宅販売をして売りっ放しをしていたのです。結局は、人から嫌われて蔑まれる仕事になってしまっていたのです。

ある個人保険のお客さまから電話をいただいたとします。「佐藤です、覚えてます?」。

そのときお客さまは「貴弘さんですよね」とお名前を呼ばれれば安心されますが、「覚えてますよ」だけでは不安に思うものです。これが世の中で起こっている保険営業マンとお客さまとの関係です。保険営業マンがどんなに、年賀状、暑中見舞い、バースデーカード、カレンダー、メルマガなどなど、お客さまに連絡を取り続けても、お客さまはこちらが思うほどありがたみを感じていないものです。「売りっ放しにされている」という被害者意識とのギャップを埋めていかないといけません。

結局は、仕事がうまくいかないというのは不条理の状態なのです。不条理を放置し、原理原則に基づかない取り組みでは、どんなに努力して続けても、本当の意味での成功はありません。

●経営者はどんな保険営業マンから保険に入るべきか

ここで、視点を変えてみたいと思います。いま目の前にいる経営者は、どのような保険営業マンから加入すべきでしょうか。キャラクター営業で節税プランを提案、加入後は売りっ放しにする保険営業マンのA君から保険に入るべきか。それとも、売りっ放しをすることなく、顧客の人生に寄り添って未来を良くし、多くの経営者が抱えているお金の問題を解決することができるB君から保険に入るべきか。答えは明らかでしょう。経営者はB君を選ぶべきであり、私たちもB君と同じメンタリティを持って経営者に向かうことを強く意識するべきです。

成果を出せるか出せないか。これは意外と簡単なことで、自分自身がどう考えて、誰とどんな話をするかですべてが決まります。継続貢献営業を意識して、顧客の抱える問題解決を原理原則としてしっかり持って、経営者に自信を持って話をしていくことに尽きます。

第一に、顧客の未来を良くしているかどうか、要するに貢献しているか。第二に言うべきことを言えているかどうか。この二点を検証していくことが大切です。

「言うべきことを言えていない」。そんな保険営業とはどういうことか。たとえば、生命保険を良し悪しで売る、あるいは商品設計のみに依存して売ろうとする考え方です。

予定利率がいまより高い10年前だったらどうでしょうか。長期定期保険で保険金額1億円。しかし、目の前の会社には債務が10億円あるとします。どうでしょうか。債務残高10億円の会社に保険金額1億円の長期定期保険では、リスク対策としてミスマッチを起こしていることは明らかです。

生命保険の重要な加入目的の一つは「他人に迷惑をかけないこと」です。経営者が大きな債務を抱えているということは、もしものときに、大切な家族に迷惑をかけてしまう可能性があるということです。この場合は、多額の債務を抱えてしまいかねない家族を守ることが生命保険の重要な加入目的になるわけです。

こういったことを、顧客にきちんと伝えることができるかどうか。これが保険営業マンが成果を出せるか出せないかの大きな差になるのです。決して奇を衒ったプレゼンテーションをするわけではありません。

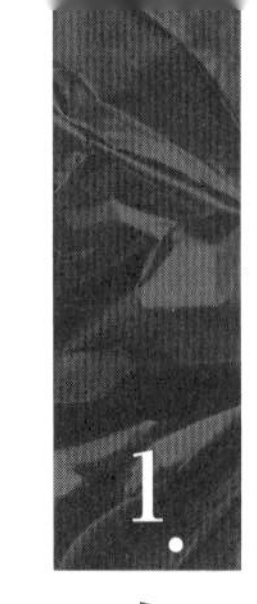

1. 自社株の集中と相続における平等原理の対立

経営には自社株の集中が求められます。しかし、相続には平等原則があるため、後継者に自社株を集中させてしまうと、他の相続人から遺留分侵害額請求を起こされるおそれがあります。これが会社法における自社株問題と相続における平等原理の対立です。この対立を事前に解決しておくことが、正しい事業承継、「もめない、困らない」事業承継をするうえで重要になります。

自社株は後継者に１００％集中させることを目指すべきでしょう。なぜなら、少数株主の問題が発生するからです。会社の支配権を確立し、経営を安定化させるためにも、自社株は集中させることが中小企業における事業承継の大原則になります。

ただ、相続という面から自社株をとらえると、相続で謳われている平等原則から外れてしまいます。後継者に自社株を集中させてしまうことで、他の相続人（財産を受け取る側）に不満が生じてしまいます。この問題が深刻化すると遺留分侵害額請求に発展してしまいます。

他方、相続の平等を優先して少数株主を認めてしまうと、あらぬ少数株主権を行使されてしまって、経営が円滑にできないといったケースは珍しくありません。

(1) 自社株問題はなぜ起きるのか

利益が最大化していて自社株の移転コストが高騰した場合はどうすればよいのでしょうか。効果が知られている対策としては、社長の退職金支払いによって特別損失を作るという方法があります。

たとえば、２億円の生存退職金を会社が社長に払えば、そのまま2億円の特別損失を作ることで純資産を減少させることができます。この特別損失は少なくとも銀行格付けには影響しません。営業利益にも経常利益にも影響しないため、利益を下げてコストを圧縮することができるのです。

自社株の移転方法は三つしかありません。売買、贈与、相続です。このうちの贈与と相続が一般的ですが、この二つは問題が起こりやすい移転方法でもあります。その理由は、贈与も相続も遺留分侵害額請求の対象になるからです。

たとえば、会社を継ぐ長男に遺産として自社株をすべて渡そうとすると、相続財産が長男に片寄ってしまう可能性があります。すると、長男以外の相続人を含めて相続人間に不平等が生じるため、長男以外の相続人は遺留分侵害額請求を行なって、自分たちの相続分を確保しようとするわけです。遺留分侵害額請求が起きることは、裁判が起きることとほぼ同義と言ってよいため、「もめない、困らない」事業承継とは言えません。

しかし、なぜ多くの人は裁判のリスクがある贈与と相続で自社株を移転しようとするのでしょうか。それは、税金対策だけを考えているからです。自社株を贈与や相続で移転すれば節税することができ、お金を一時的には節約できる可能性があります。しかし、もしも裁判になってしまうと、そのための費用や、家族の人間関係にまで影響を及ぼす大きなリスクがあります。贈与と相続を「問題が起こりやすい」と表現したのはそういう理由なのです。

したがって、私たちは自社株の移転については、適正価格での売買を勧めています。適正価格で売買された株式は遺留分侵害額請求から外れるため、贈与や相続のようなリスクを回避することができます。

ただし、適正価格での売買は当然、買取資金の問題があるため、企業の状況によっては贈与や相続で渡さなければならないケースもありえます。そこで、遺留分侵害額請求への対策を行なわなければいけません。

事業承継をするうえでヒアリングを行ないますが、そこで「**仮に遺留分侵害額請求が起こった場合、いくら現金を用意しなければならないか**」ということをある程度想定できるようにしておかなければいけません。そのうえで最適な保険契約を選択し提案すべきです。

保険営業は、このような明確な出口戦略を持っていないと、顧客にとってあまり価値のないプランになったり、価値が損なわれたりしてしまう危険があります。現状で契約されている保険を分析して新しい保険を預かる人と、分析せずに自分の保険だけを預かる人がいますが、現状の保険の分析はきちんと行なわれるべきものです。実際、現状で契約されている保険を分析してみると、「なぜこのような加入の仕方をしているのだろう」と疑問を抱く場面がよくあります。「この保険に入ってもらったことの出口を、これを営業した人間は考えていたのだろうか」と感じることが非常に多いのです。

法人を相手にする保険営業マンは、継続的な貢献をしなければいけません。だからこそ納得性の高い保険を顧客からお預かりするために、出口を明確にしておくことが重要です。

現在、相続と事業承継の仕事をしていくなかで資産性の生命保険は非常に大事な商品になっているように思います。読者の皆さんも会社を相手に相続と事業承継の仕事をする場合、資産性の生命保険は不可欠でしょう。退職金の財源は資産計上の保険が有効な場合もあるということを覚えておいてください。

⑵生命保険を活用した遺産分割対策

現在、わが国の中小企業経営者の平均年齢は60歳を過ぎており、事業承継が喫緊の課題となっています。事業承継においては「後継者の特定」「承継の時期」「相続人の確認」の三つの確認が不可欠です。

相続人については「配偶者を除く相続人は何人いるか、それぞれの人間関係はどうか」を確認します。この質問に対する回答によって私たちがどのようにアプローチすればよいか、事業承継や相続の対策として保険をどう使っていけるかが変わります。

以前は、長男が財産のすべてを相続するケースが多くありました。しかし、現代は平等の時代です。したがって、相続問題は事業承継において大きな要素となるのです。

後継者には経営権を維持させなければいけません。経営者の家の主な財産である自社株は集中して譲り渡す必要があります。ただし、ほかの子息に対しても相続における平等を実現するために被相続人として配慮する必要があります。そこで最も効果的な方法が生命保険を活用した遺産分割対策になるのです。

契約形態は契約者・受取人が会社であり、被保険者は経営者です。これで死亡保険金は会社に支払われます。ただ、これで終わってしまうと遺産分割対策ができません。退職金規程のなかに死亡退職金規程を盛り込み、その死亡退職金規程の中で死亡退職金の受取人指定まで明示しておく必要があります。こうすればその死亡退職金は受取人を指定しているので、個人の預金口座に振り込まれることになります。

ここでポイントになるのが、「まずは、あくまでも今支払っている保険料でできる範囲の対策を行なう」ということです。なぜなら、たとえばその時点の株価が1億円であったとしてもその株価が将来上がるか下がるか分からないからです。株価が確定しなければ平等原則は実現できません。経営者が「今の株価に応じた保険金額を設定してくれ」と言うのであれば話は別ですが、まずはできる範囲の対策を提案することが重要です。

相続対策には正解がありません。10年先、20年先、30年先の正解など求めようとしても絶対に求められるものではないのです。ですから、被相続人として、子息たちがもめないための準備をしておくことを主眼に置くことが重要になります。そのために今の予算の範囲内で保険を準備しておく、この姿勢が求められるのです。

2. 自社株と不動産は分けてはいけない財産

(1)なぜ遺産分割協議でもめるのか

中小企業経営者における相続で圧倒的に多いのは遺産分割協議でもめることではないでしょうか。この理由は大きく分けて二つあると考えられます。

一つは、経営権を維持するため後継者に自社株の集中移動がなされるという点です。会社経営という観点からすると、これは当然の方策なのですが、相続の平等という観点からすると後継者以外の相続人は納得できないのです。

もう一つは、相続が発生すると10か月以内に遺産分割協議と納税が必要という点です。これではあまりにも時間が足りません。相続人、つまり当事者同士での協議が難しいのです。財産をもらう側の人間が集まって遺産分割をしなければいけないのですから、当然もめるのです。お金を前にすると人は人格が多少なりとも変わるもののようです。

相続とは、こうした状況だからこそ、経営者は相続対策を考慮する必要があるのです。

「相続によって事業に必要な資産が分割され、事業継続できなくなることが一番心配だ」と、ある経営者が話してくれました。

その経営者の会社は200年の歴史を誇る老舗なのですが、まさに相続問題に直面していました。相続には法定相続割合がありますが、その割合で財産を分けると大変なことになります。というのは、今の本業を営んでいる会社の土地も建物も被相続人個人の名義だからです。

そうしたなか、相続が発生して一族がもめた場合、法定相続割合に従うことになればどうなるでしょうか。後継者は継続的に莫大な家賃を払い続けなければ、その事業が継続できないという事態も起こりうるのです。

こうした状況を未然に防ぐためにも、合法的な節税対策と納税資金準備が必要なのです。では、合法的な節税対策とはどのような方法でしょうか。

たとえば不動産の評価です。不動産評価をただ単に路線価で評価するのではなく、正しく合法的に評価することで不動産価値を下げ、税対策を行なうことができます。しかし、ほとんどの税理士は路線価評価だけで相続税を申告しています。これでは顧客の役に立つ方法とは言えません。そこを修正していくのです。

事業承継には一族の〝現金体力〟を減少させる二つのポイントがあります。すなわち遺産分割と税金です。事業承継には様々な要素が絡むため、ここまで含んだ全体最適を実現できる人は多くありません。事業承継を支援している士業の人もいますが、全体最適という点からすると不十分です。税理士は税法、弁護士は民法という具合に棲み分けされてしまっており、マクロの視点で見ることができるプレイヤーが不足しているからです。

今までの事業承継や相続の現場を見てみると、税理士が節税に注力してしまったことで民法上の紛争が起きたり、弁護士の遺産分割協議書の書き方や文言が紛争の原因になったりしていることがあるのです。「自分の領域」に限定せず、全体最適を実現できる人材が求められているわけです。

⑵資産の承継とは

経営者が所有している経営に必要な資産には、自社株や事業用不動産等があります。これらを後継者に継がせることが事業承継における相続のポイントです。

中小企業に多く見られることですが、経営者個人が所有している土地・建物を会社に貸し付けているというケースがあります。

経営者が亡くなると、貸し付けている事業用不動産は個人の相続財産となり、相続税の課税対象となります。相続人が後継者でない場合、納税資金の問題で地代の値上げや買取請求されることが想定されるでしょう。

この場合、後継者が不動産を相続できれば一番良いのですが、通常、後継者は自社株の相続が優先されます。仮に自社株も不動産も両方を相続しようとすれば、遺産分割において大きな不平等が生じ裁判に発展してしまうケースもあります。したがって、経営者は事業用不動産買取資金の準備をあらかじめ想定しておく必要があります。

なぜ後継者は自社株の相続を優先するのでしょうか。それは、自社株が単に財産の一つというだけでなく、会社の支配権という側面を持っているからです。

したがって、自社株を後継者に移すということは、「経営権」と「財産権」という二つの権利を同時に承継させることになります。自社株を移すにあたって、その株式がどのくらいの価値を持っているかがわからなければ具体的な対策を立てることができません。また、自社株の評価額は会社の決算状況によって変動しますので、自社株移動の際には評価額を計算しなければなりません。

自社株の評価額を把握したら、次は株主が誰で何株保有しているかの持株状況を把握します（法人税申告書別表2でも大まかにはわかりますが、きちんと確認しておく必要があるでしょう）。

社歴が長くなると、自社株は分散していく傾向にあります。特にバブル期の相続対策により、親族や従業員に意識的に分散したケースがあり、事業承継を機にこれらを後継者にまとめてしまうことが強い経営をしていくうえで必要になります。

また、創業期の「名義株」もトラブルを生む可能性があります。名義株とは、株主名簿上の名義と真の株主が一致しない株式のことです。

平成2年の商法改正前においては、会社を設立するためには最低7人の発起人が必要でした。発起人は1人最低1株を引き受ける必要があったため、他の人数分の名義を借りることが多くありました。実際は、1人で出資（設立）したとしても残り（最低6人）は名義を借りることが多くあったのです。このように最低7人の発起人が必要であった事情で名義株が発生しています。

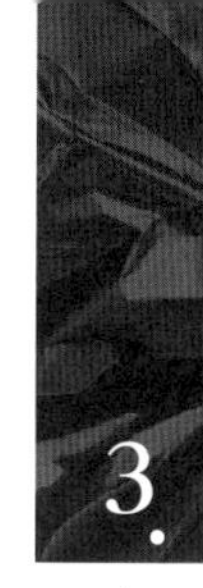

3. 自社株の分散によって起こりうること

●自社株分散によるリスク

ここまで「自社株は集中させるべき」と述べてきましたが、自社株が分散することによるリスクを三つ挙げておきましょう。

一つ目は、「少数株主権を株主から主張される」ということです。少数株主権を主張されることで会社運営上支障のある請求を起こされる可能性があります。「少数株主」は名称からは考えられないほど非常に強い権利を持っています。1株あれば「代表訴訟提起権」や「取締役・執行役員の違法行為差止権」を持てます。1%の株を持っていれば「提案権」を持ちます。3%あれば「帳簿閲覧請求権」「検査役選任請求権」「株主総会招集権」「取締役の解任請求権」などを行使できます。10%になると「解散判決請求権」、6分の1で「簡易合併等の反対権」と大きな権力を持つことになるのです。

3%以上で行使できる「帳簿閲覧請求権」を行使された場合、経営者の使ったお金の流れが丸裸にされてしまいます。また、「取締役の解任請求権」が提起されれば、株主総会においてその議案が掛けられます。たとえ解任に到らなくても、どのような理由で請求がなされたのかを広く株主に知らしめることになります。こうした権利を握られていることは後継者にとってリスクに発展してしまう可能性があるでしょう。

二つ目は、「特別決議が必要になる」ということです。企業経営上、重要な事項を決定する場合には、特別決議が必要となります。株主総会に出席した株主の3分の2の賛成がなければ重要な事項が前に進まないということです。株が分散していると、3分の2の賛成を得ることがそれだけ難しくなります。

三つ目は、「M&Aで不利になる」ということです。前記のようなリスクがあるため、M&Aの際に買い手が嫌がってしまうのです。

このような理由から、後継者に自社株を集中させる必要があるのです。

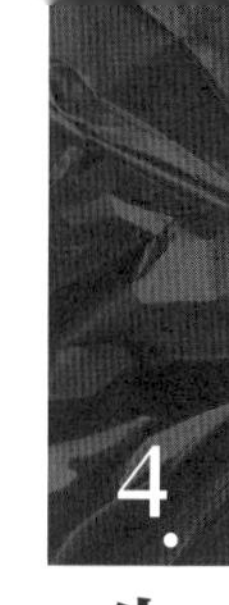

4. 生命保険を活用した株価対策

●退職金を生命保険で準備することが有用な理由

従業員の退職金制度の保険販売はあまりなされていませんが、生命保険は会社の従業員退職金制度の施策としてはかなり有用です。それは「優秀な人材を長く確保する」という目的に合致しているからです。自社株を分散したり、社員持ち株会を作ったりすることよりも、よほど目的を達成することができるでしょう。

しかし、役員退職金制度は、これとは別の理由で必要とされます。リスクとリターンの関係から重要なのです。会社役員は個人保証と労災適用外というリスクを負っています。労災で守られているのは従業員であって役員ではないのです。

私は財務分析をする際には、退職金制度の有無と就業規則の労働基準監督署への届け出（労働基準法により常時10人以上の労働者を使用する使用者に義務付けられている）を確認しています。なぜなら、労働基準監督署に就業規則を届け出ている場合、会社は退職金の準備と支給の責任が発生するからです。どういうことかというと、従業員の退職金については「賃金の支払の確保等に関する法律（賃確法）」によって、会社とは別の口座で分別管理をしておく努力義務が課されているのです。

努力義務とは言え、退職金の準備ができていない場合、隠れ債務として貸借対照表に影響してしまいます。金額にもよりますが、場合によっては実態債務超過となり、銀行の評価に悪い影響が生じる可能性が出てしまうのです。会社が大きな借換えを行なう場合、銀行は必ずこの退職給付債務を確認します。

退職金には「賃金の後払い」という性質があると考えられています。賃金は会社が潰れた場合に債権回収順位が最も高いものです。それを後払いにするだけなので、何かあったときに「退職金が払えない」ということは〝あってはならないこと〟です。場合によっては「どこかから借りてでも払わなければならない」のが退職金であり、財務の毀損と直結するものなのです。適切な処理をしなければ銀行から隠れ債務と見なされてしまうことも当然と言えるでしょう。だからこそ積み立てておくことが重要です。

退職金を積み立てる場合、分別管理という点からも、生命保険で積み立てておくことは有効な手段と言えます。会社に退職金制度がある場合、積立が努力義務であるということ、その積立に生命保険が有効な手段であることは意外と知られていません。コンプライアンスが叫ばれる時代であることや、資金繰り悪化の火種にもなりうるという、退職金に関係する情報の提供は、経営者に積極的に行なっていくべきだと思います。

ちなみに、役員保険積立金は流動資産で処理をします。その理由は流動性が高いからです。従業員保険積立金は固定費の一般管理費で処理すべきですが、役員保険は会社が厳しくなったらすぐに解約しなければならないということから流動性が高いのです。しかし、従業員保険積立金は会社が赤字だからといってやめるべきものではないため固定費なのです。

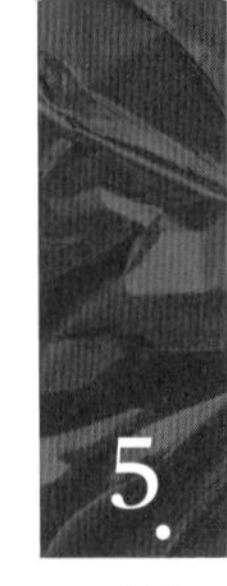

5. 相続税・贈与税の納税猶予制度のリスクに要注意

(1)相続税・贈与税の納税猶予制度とは

中小企業のオーナーにとって、換金性のない自社株式に対して多額の相続税が課されることは非常に大きな負担になります。そこで、会社に負担をかけず、円滑な事業承継ができるようにするために設けられたのが、「非上場株式等についての相続税及び贈与税の納税猶予及び免除の特例」という制度です。

この制度は、後継者が現経営者から自社株式を贈与あるいは相続・遺贈によって取得した場合、一定の条件を満たして所定の手続きを行なうと、贈与税・相続税の納税が猶予されるというものです。

平成30年度の税制改正大綱でこの納税猶予制度の活用要件が大幅に緩和されました。しかし、この納税猶予制度には注意点があります。

この制度によって贈与時および相続時の税負担がゼロで、後継者に自社株式を承継させることが可能となります。ただし、特例制度を適用するには、２０１８年４月１日から２０２３年３月31日までの間に「特例承継計画」を都道府県に提出する必要があります（提出期間は５年に限定）。

また、要件緩和によりすべての株式が納税猶予の対象となったことで、これまで以上に後継者ではない相続人の特別受益や遺留分に配慮する必要があります。どういうことかというと、株式にかかる税金の納税が猶予されるという税法の話と、相続財産としての民法の話は別ということです。この特例はあくまで税法上の決まり事なので、民法の分野である相続とは切り離して考えなければいけないのです。

したがって、後継者ではない相続人からの遺留分侵害額請求に対してどのように現金を準備するかを別に考えておく必要があるでしょう。場合によっては数億円単位の遺留分侵害額請求を起こされてしまう可能性もあります。

現在はメリットばかりが強調されがちな納税猶予制度ですが、リスクを正しく把握していないと思わぬトラブルに発展しかねません。

(2)事業の継続を前提とした制度

企業は継続することに意味があります。納税猶予制度は事業継続を支援するという点では非常に有意義な制度です。

しかし、中小企業は継続することが難しいという現実があります。事業承継によって初代から二代目、二代目から三代目といったように「承継時に納税猶予制度を使い続けることで贈与税、相続税が次世代に猶予されていく」というのが、この制度の基本的な考え方になります。

誤解を恐れずに言えば、この制度は決して納税が免除されるものではありません。使い続けなければ、どこかのタイミングで猶予されていた税金を納める必要があります。

しかし、制度を「使い続けること」は非常に難しいというのが実状です。単純に会社を継続することの難しさに加えて、「制度実態の面」と「手続きの面」から〝使い続けにくさ〟があるのです。

「制度実態の面」における使い続けにくさとは、事業承継税制が対象にしているのが〝税金の世界の話〟であるということがポイントです。

自社株を移転させるとき、本来はそこで税金が発生するのですが、納税猶予制度によって支払いが猶予されます。しかし、この猶予は税金の世界の話でしかありません。自社株は相続財産として見た場合、〝法律の世界の話〟だと価値があるままなので、遺留分侵害額請求の対象になります。つまり、「株の価値そのものは変化せず、税金だけが変わる」というのが納税猶予制度なのです。

私たちの目指す「もめない、困らない」事業承継という点からすると、税金だけを見ている納税猶予制度は注意が必要なものと考えます。

そのほかにも、後継者の死亡やM＆Aを実行した場合、特定資産会社に該当した場合など、いくつもの取り消し要件が存在することも制度の実態として押さえておくべきポイントです。

相続税は対象となる財産に対して累進的に課税されるため、納税猶予制度を活用した場合、後継者は株価を算入して相続財産を計算することになります。しかし、税金という面で見ると後継者は納税を猶予されます。このとき、ほかの相続人からすると、納税が猶予されている自社株の分まで相続税が増えていて、しかも後継者以外は支払わなければならないということになります。

また、相続税の場合、連帯納付義務があります。仮になんらかの原因で納税猶予制度が打ち切りになってしまった場合、後継者だけでは支払えないような巨額の税金を他の相続人が請求される可能性もありえます。そうなると当然、後継者だけでは支払うことが困難になるため、他の相続人にも支払う義務が生じてしまうのです。つまり、納税猶予制度は継続が難しいうえに、継続が打ち切られた場合のリスクも考慮する必要があるということです。

「手続きの面」からの使い続けにくさとは、毎年。都道府県庁と税務署にいくつもの書類を提出しなければいけないということが挙げられます。この書類は「使いたい」と願い出る段階でも必要ですし、実際に猶予を受ける段階でも必要になります。しかも5年間は毎年提出しなければいけません。5年以降は3年ごとの提出が必要です。

では、この書類を提出するのは誰かというと、税理士になります。書類を出し忘れたり、不備があったりすると猶予が打ち切りになってしまうので非常に重要な役割と言えます。

納税猶予制度は「続けることが前提の制度」であるにもかかわらず、税理士の高齢化、半数以上が60歳を超えていることを考えると、管理や手続きの面でかなりリスクが高いことがわかると思います。また、経営者や税理士が代替わりしたときにきちんと引き継ぎされずに手続きを怠ってしまい、一括納税を求められるということも考えられるでしょう。

以上のように様々なリスクを孕んでいるにもかかわらず、税金という一面的な見方によって納税猶予制度を安易に選択する経営者に対して警鐘を鳴らすことが必要ではないでしょうか。

猶予になる税金は贈与税と相続税ですが、何にかかる税金なのかというと、言うまでもなく、「贈与」と「相続」に対してかかるものです。本章の株式移転の解説で、贈与と相続はもめる可能性を孕んでいるということを指摘しました。

つまり、納税猶予制度は、その前提からしてすでに「もめる、困る」可能性が高い制度であると言えます。「もめない、困らない」事業承継を目指すに当たって、この制度は使うべきではない、というのが私の結論です。以上の内容まできちんとわかっていて、対策もしっかりとするのであれば、はじめて有効な選択肢となります。しかし、大半はここまで考えられずに利用されているというのが実状です。

第五章

ケースで学ぶ継続貢献営業

廃業を覚悟するほどの瀕死の企業を財務改善で蘇らせる。それとともに、円滑な事業承継への道筋までつけていく。誰もがなしえなかった企業への継続貢献をどう実現していったのか。その道程を追う。

Episode 05 経営破綻目前からの蘇生

顧客の問題解決を自らの仕事とする

●変革を支援する

エフピーステージ株式会社の強みは何か。自己資本比率90％の会社に仕上げた経営改善能力、これが一番の強みです。企業はなぜ赤字で債務超過に落ち入るのか。私は同じ体験からその理由がわかりますし、そのときにどんな苦しみを味わったのかもわかります。漠然と「悪い」という現状に対して、具体的にどう取り組めば必ず改善できるかという点について、実体験に基づいたアドバイスができます。

赤字や債務超過。経営をしていくなかで聞かれる言葉ですが、端的に言うと、会社が資金ショートを起こしている状態。「お金が足りない経営」です。

お金が足りない経営をしている会社において、誰一人幸せな人はいません。従業員は、昇級昇格はおろか、前向きな未来が描けません。給料はもらえるのか、会社は潰れずに続くのか、そんな不安を絶えず抱えているものです。そんな会社の経営者はどうなのでしょうか。お金の苦労はそんなに簡単に解決しません。お金の苦労は人を巻き込む苦労ですから、その時に二度とこんな気持ちを味わいたくないと思うでしょう。

経営不振に陥っている会社の社長のなかには、その理由を外部要因や環境要因のせいにする人も少なくありません。しかし、いかなる理由があったとしても、会社を経営していくにおいて、毎月お金が残る経営を続けていくことが、経営者として絶対に持ち続けなければならない使命です。

とはいえ、経営者も人間ですから、赤字や債務超過に陥ると、前向きにメンタルを維持していくことはなかなか困難です。事業に対する自信を失い、セルフイメージがネガティブになってしまいます。そうしたとき、不振を脱却していくためには、小手先のレベルではなく考え方レベルから変えていく必要があるのです。

●企業価値は知識と意識で上げていく

企業価値が低いほど、資金ショートを起こし企業に関わるすべての人が不幸になっていくものです。裏を返せば、どうやって企業価値を上げていけばよいのかです。企業価値を上げるポイントは二つです。「知識」と「意識」で上げていく。「知らない経営」を脱却していくには、「学び」がとても重要です。

決算書を拝見すると、経営者の能力と性格が一目でわかるものです。悪勘定があるということは経営者に何らかの問題があるということです。これが単なる無知によるものなのか、誰か他人の指導によるものなのか。いずれにしても改善の余地があります。

数字を作るのは経営です。その根っこは何かというと、経営者の考え方や姿勢、そこから来る決断、これらができてはじめて経営は順調にいくものです。悪勘定のなかには、経営者が自分の欲得のために会社のお金を使い込んでいるという役員貸付金も見られます。こういう決算書は「企業価値が汚れている」と言ってもよいでしょう。企業が変われるか変われないか。変革の決断ができるか。言葉にして発することができるか。行動を起こせるか。その行動を続けられるか。それらが、財務コンサルタントとして当該企業に関わるべきかどうかの判断基準になるのです。

改善に取り組む経営者自身、その営みはとても厳しいものになるでしょう。絶えず資金繰りに追われているのですから当然です。しかし、変革の努力を続けていると、やがて、時々良い事が起こって来るようになります。メインバンクから新規融資を断られ、既存の借入金利も4％。そこで経営改善計画書を作成し、適正資金調達を実現する。するとどうでしょう。新たな銀行は経営者勉強会に誘ってくれたり、経営者クラブのゴルフコンペに誘ってもらえたり、複数の銀行が競合してもっと高い評価をしてくれる銀行も現れたり…。銀行から一定の評価を得られ、相応に遇してもらえることは、経営者にとってとても嬉しいことです。さらに、営業利益を計画通りに捻出し、新たな修繕資金や設備投資資金が生まれてくる。経営計画を練り直して、さらにキャッシュアウトに備えていく…。経営の好転はさまざまな面で、企業全体にプラスの結果を生み出していくわけです。

●まずはPLの改善そしてBSを良くしていく

経営改善の具体的な手順としては、まずはPLを改善すること。そしてBSを良くしていく。その際の入り口が「実態固定費」「実態粗利益率」「損益分岐点売上高」であることは前述しました。これらに関する三つの質問に答えられない経営者は少なくありません。

以前の私ならば失望して関わりをおしまいにしていましたが、今は違います。「知らない」状態を「知る」に変えることによって、「知らない経営」を克服できると確信しているからです。

「真剣に企業価値を上げる」。その覚悟ができる経営者なら、必ず実現できるのです。

このことは、私をはじめ戦略法人保険営業塾で学んだ受講者による財務コンサルティングの成功事例が増えるにしたがって、どんどん検証できてきています。

経営改善は難しい取り組みではありません。原理原則を知り、忠実に実行していくこと。その弛まぬ営みがあれば必ず実現するものです。ＰＬを良くできないとすれば、それは取り組みのポイントがズレているからです。数字は嘘をつきません。数字を意識して経営をしていれば、利益は必ず増やせます。

経営者に「あなたの仕事はなんですか」と尋ねるとしましょう。すると、多くの経営者は「売上を上げること」と答えます。しかし、売上を上げたとしても利益が増えるとは限りません。利益を出したとしてもお金が残るとは限りません。経営者のもっとも重要な仕事はなにかというと、毎月毎年、会社にお金を残すことです。これを私たちは「現金損益」と呼んでいます。自社の現金損益の現状を把握できなければ、ＰＬ改善の道筋は見えてこないのです。

●下請け根性経営が中小企業をダメにしている

中小企業が経営不振を続けている一番の原因とは、「下請け根性経営」にあります。これは、来る仕事を拒まず、疑うことなくやり続けることが自分の使命であり美徳であるとする誤った考え方のことです。仕事を依頼されればどんな内容であっても断りません。しかし、粗利益率は10％しかないというケースは少なくないでしょう。それでも、苦労をしながら納期を守る。しかし、会社にお金が残らない…。

自社の経営をはっきりさせていないことが下請け根性経営に陥っている最大の原因です。自社の強みは何か。強みを生かした提供価値とは何か。それを求める顧客は誰か。その顧客に提供価値をどのように伝えていくか。中小企業が売れない原因というのは、価値が届いていないこと、価値が低いことにあります。ですから、それらの定義をはっきり付けて、価値を届ける。受ける仕事ではなくて取りにいく仕事をしていく、つまり意志を持った経営を行なっていく。考え方レベルを上げていくということが、経営改善の一番の要諦となるわけです。

●保険営業マンとしての本質的成功を目指す

戦略法人保険営業塾をスタートさせて２０２０年で8年目になります。私は31歳でソニー生命に入社して以来、今年で28年目になりますが、この間、フルコミッションの非常に厳しい世界を体験してきました。仕事がうまくいかずに辞めていった多くの仲間たちを目にしてきました。そんな姿を見ているなかで、うまくいかない原因というのは「まともな仕事の仕方ができていない。教える人がいないことにある」とわかりました。私自身が保険営業の仕事で成功した再現性のある方法論について、多くの人たちに伝えていきたい。そんな思いで、戦略法人保険営業塾を開講しています。

塾の唯一の目的は、保険営業マンとしての本質的な成功を遂げること。物心両面の幸福の追求です。

保険営業マンとしての成功とはなにか。多くの人は「保険がたくさん売れること」と答えるでしょう。私はそうは思いません。私の成功の定義は「物心両面の成功」です。「物」とは成果のこと。「心」とは顧客から大事にされることです。この二つが揃わないと、仕事は継続しません。

売れればよいという考え方は持っていません。そうではなくて、成功するためには原理原則に徹底的にこだわる。「顧客の問題解決を自らの仕事とする」ことを果たせるかどうか。この取り組みは、年数が経てば経つほど差が現れるものです。

戦略法人保険営業塾では、月に1回、3時間に及ぶ講義を中心に、本書で紹介した保険営業や企業経営の「原理原則」、財務コンサルティングの実践事例について、徹底的に学習していきます。基本は「どう考えて、誰とどんな話をするのか」。すべてはこのことで決まるのです。「中小企業を元気にしたい」と思って活動している人は保険営業マン以外にも、銀行や信用金庫等金融機関の行職員、弁護士、税理士、司法書士、社会保険労務士等の士業専門家など、たくさんいます。それらの人々が、クライアントである中小企業の経営改善に取り組んでいく。その成功事例を塾生同士で共有し、さらなるブラッシュアップを図っていく。

長く継続して戦略法人保険営業塾に参加することには大きな意義があります。人の成長は簡単には成し遂げられません。考え方レベルについても、半年や1年で体質改善が図れるかというとそんなことはありません。知識の定着について言えば、「知っている」ことと「できる」では全く違いますから、反復して知識の習得に取り組んでいかなければなりませんし、並行して実践経験も積み重ねていかなければなりません。1件目の財務分析レベルと100件目の財務分析レベルではそのクオリティは当然違ってくるわけです。

私自身も、現場で財務コンサルティングを体験していくなかで、たくさんの新たな発見をしています。そういったことも塾に参加する皆さんと共有しています。

原理原則には、不変のものもあれば、現場体験を通じて生まれてくるものもあります。常に同じ話というわけではなく変化を続けています。

何度も繰り返し言いますが、不変の原理原則とは、顧客の問題解決を唯一の仕事とすること。売りたいという願望があるからこそ、私たちは原理原則にこだわり続ける必要があるのです。

CASE1　建設業A社

過剰な接待費と保険契約を見直して財務を改善

(1) 現状

業種	建設業
従業員数	35人
社長年齢	46歳
株の状況	会長（70歳）が8,700株 社長が6,500株 その他少数株主が約10人
BS 指標	資産合計：19億円 負債合計：18億円 薄価純資産：１億円 借金：13億円 毀損資産：3億円 実態債務超過：2億円
PL 指標	売上：19億円 粗利益：2億円 固定費：1億6000万円 営業利益：4,700万円 減価償却実施額：1,300万円 支払利息：4100万円 平均金利：3.15%

本ケースのポイントは、営業利益を４７００万円も出しているにもかかわらず、その大半が借入金の支払利息（４１００万円）に消えてしまっている点です。つまり、経常利益はほとんど出ていません。

おそらく私たちがA社の支援に入らなければ、取引銀行からの提案がない限り、10年経っても決算書の状況は変わらなかったと思われます。なぜかと言うと、A社は長い間、支払利息が利益を圧縮している状態で経営を続けており、顧問税理士や弁護士等の経営支援者は、誰も改善策を提示していなかったからです。

⑵驚きの債務償還年数

A社には他社からの紹介で訪問しました。当初、A社の社長は「紹介だから会ってみるか」という程度の認識だったと思われます。

社長は売上と利益に執着していましたが、貸借対照表には無関心でした。借入れ過多で資金繰りが厳しく、毎月銀行に行って頭を下げてお金を借りているような状態でした。

その借り方はひどいものでした。建設業のA社では、プロジェクトごとに運転資金として融資を受けています。銀行からは融資の都度、「あなたの会社は信用できないから、毎月工事現場の写真を全部撮って提出するように」と厳命されていたそうです。

実際、A社の担当者が30か所の現場の写真を撮って毎月報告に行かなければ資金調達できない状況だったというから驚きです。銀行はお金を貸している以上、返してもらわなければならないので必要な措置かもしれませんが、借りているA社としては利益を生まない雑務でしかありません。

貸借対照表には「悪の三勘定」があり、実態債務超過の状態でした。債務償還年数はなんと21年。債務償還年数は10年以内でなければ銀行と金融取引正常化交渉ができません。

私は社長と話し合い、**「御社のビジョンとしては自己資本経営の実現を目指すべきではありませんか。5年以内に実態債務超過を解消して、債務償還年数10年以内の会社にしていきませんか」**と提案しました。

(3)「信用力は社長の実行力」と改善を迫る

現金損益安定黒字経営を実現するため、すぐに取り組むべきことがいくつかありました。

社長に最初にお願いしたのは、売上を維持してほしいということです。大幅に増やす必要はありませんが、利益率を確保することだけは留意してもらいました。

まずは現金損益を改善するために費用を見直しました。特に痛みを伴わない費用を優先して削減してもらいました。目についたのは接待交際費です。社長は、営業のために様々な交流団体に全部入っておかなければ仕事が来ないという感覚を持っていました。また、飲食も派手でした。毎年の接待交際費に1000万円も使っていたのです。

私は「社長、さすがにこれはありえません。内容を取捨選択して300万円すぐに削減してください。銀行は社長を信用できるかどうかを判断しています。信用力は社長の実行力です」と迫りました。

銀行交渉を成功させるためにも、費用の見直しは喫緊の課題でした。A社は3月決算のため、5月の申告までに改善状況をできるだけ明らかにして経営改善計画書を作成し、銀行と交渉するというスケジュールです。

加入している保険契約の見直しにもすぐに着手しました。既契約の内容を精査した結果、現時点で不要な契約を多数発見しました。会社が苦しい状況であるにもかかわらず、年払い保険料を1900万円も払っていたのです。たとえば変額終身保険。果たしていまA社に必要だろうかと違和感を持ちました。加入した理由について社長に尋ねてみると、「交流団体で後輩から勧められた」という答えが返ってきました。

そもそもA社では、連帯保証債務への対策ができていませんでした。既契約の保障額は3億円しかありません。借金が13億円もあるのに3億円の生命保険にしか入っていないのです。しかも既契約は資産性の終身保険でした。財務が健全で現金損益が回っていて、遺産分割対策のための生命保険に加入できる状況であれば何も問題はないのですが、現在のA社の状況では明らかに間違っていると言わざるを得ないプランでした。

以上の点について社長に指摘をしたところ、社長は「離婚すれば解決するのか!?」と回答しました。もちろん、連帯保証債務の問題はそれほど安易な話で済むことではありません。仮に配偶者と離婚して相続関係がなくなったとしても、社長夫婦の間の子息は相続人にかわりありません。また、13億円という借入額相当の生命保険に入るには、A社の現金損益から判断して無理がありました。そこで、保障額7億円の10年定期保険を提案することにしました。

A社は、変額終身保険以外に2分の1損金算入の生命保険にも加入していました。2分の1損金の保険契約には含み益がある反面、資産性の保険はほとんど含み損という状況でした。これらの既契約を解約したところ、最終的に800万円の雑収入になりました。もし逆に800万円の雑損失が出るとしたら、このタイミングで解約はできなかったでしょう。これらの見直しの結果、現金損益を1000万円ほど改善することができました。解約返戻金があったので保険積立金はなくなりましたが、4000万円という現金が入ってきた結果、貸借対照表は改善されました。

(4)成果が継続貢献の機会を生む

こうした取組みの結果、A社は5年以内の実態債務超過の解消に見通しが立つとともに、債務償還年数10年以内が実現可能になりました。私が取り組んだことをまとめると、「目に余る接待交際費を3割削減したことに加えて、生命保険の見直しで一覧表を作成し、必要のない終身保険や長期定期保険を解約、雑収入800万円を得て、特別利益で借金を返済するために保険金を3億円から7億円に上げた」というものです。

もたらされた結果に社長はたいそう喜んでくれました。銀行による企業の格付けが行なわれていた時代でしたので、取引銀行はA社を「正常先」とみなし、借入金利を1%台に引き下げられる可能性がある計画だったからです。5年以内の実態債務超過の解消と債務償還年数10年以内を設定しておかなければ、銀行は借り換えに応じてくれなかったと思われます。以下はこのとき社長から言われた言葉です。

「自分たちではどう改善すればよいのか思いもよらなかったし、どうしようもなかった。おかげで銀行交渉にも光が見えてきた。今では貸借対照表もちゃんと意識するようになった。本当に出会えてよかった。今まで誰にも相続の相談をしたことはないが、今後ぜひ相談に乗ってほしい」

財務改善のために訪れた会社で、相続でも協力する機会をもらえたわけです。

A社の自社株評価額は低いですが、社長のほかに株主がいました。この株式の買い取りのタイミングをどうするかが事業承継対策を行なううえでのポイントでした。

銀行が注視するのは経営権の維持です。連帯保証人となる人に株式が集中するように譲渡する流れを作らなければ銀行は認めてくれません。株式の評価額が大きければ大きいほどそうした傾向があります。

私は本件で14億円の適正資金調達をサポートしました。当初は平均金利が3・2％で、年間の支払利息は6000万円でした。これを1・85％で借り換えることに成功しました。この借り換えの条件の中に「株式の集中」と「その期限」が入っています。「株式が散逸している」という社長にとって耳障りな話をアドバイスしていなければ、相続の相談に乗ってほしいと言われることはなかっただろうと思います。

Column

「財務貢献コンサルティングにあたって心がけていること」

私は財務貢献を引き受ける場合、ある程度は顧客の選択をしていかなければいけないと考えています。なぜなら、そうしないといつまでも決まらないからです。

たとえば、金利を1000万円以上払っている会社があったとします。金利を1000万円以上も払っている会社であれば、ほぼ間違いなく問題意識を持っています。

「固定費である金利を毎年1000万円以上も払っていては、会社の財務へのダメージはかなり大きい。財務を正常化して金利を3分の1にできればどれだけ経営が楽になるだろう」などと考えているわけです。このような経営者に対して財務貢献をしようとすると、アドバイスを熱心に聞いてくれます。

しかし、「会社を良くしたいから財務を改善したい」というような漠然とした意識しかない経営者だと、いくらアドバイスをしても馬耳東風というケースが何度かありました。

このほか、債務償還年数も大事にしています。

財務貢献とは会社にお金が残る経営を支援することです。会社にお金が残れば借金の返済もできます。私は常に「現金損益安定黒字経営を実現することが私の仕事です」とメッセージを発信しています。

一瞬で財務を改善し、会社を良くするような魔法の道具はありません。したがって、10年後の貸借対照表をイメージして、その実現に必要な利益を設定し、達成の手段を明らかにして、実行と改善を繰り返しながら、経営者とともに強い会社を作っていくことが重要なのです。

私たちがよい仕事をするためには、現状分析を正確に行なうことが大前提です。顧客の決算書を見て仕事ができないと私たちの仕事はうまくいきません。たとえば、金利を見たときにその金額と利率をよく確認していただきたいと思います。金利の金額は経常利益に影響するので、固定費のように利益を圧迫します。

また、借金の返済も非常に重要です。この会社は借金を返せているのかいないのか、という点も問題抽出の際のチェックポイントです。

最後に現状で事業承継が可能かどうかです。

このように、財務状況から環境分析をすれば、本質的な問題を抽出することができます。

解決策としては現金損益のマネジメントが挙げられます。顧客の本質的問題は借金が減らないことにあります。借金が減らないと、どんなビジョンも達成できません。

環境分析における重要な要素としては、社長の年齢も知りたいところです。社長の年齢と債務償還年数を見れば、事業承継できるかどうかをおおよそ判断することができるでしょう。

読者の皆さんには「顧客の人生に寄り添いその人生を良くするようなやり方をしてほしい」と思います。これを実現するためにも、顧客と私たちに共通の目標がないとその人の人生に寄り添うことはなかなかできません。継続的に経営者に会うためには、共通の目標の達成度を確認する必要もあります。そのためにも、目標が不可欠なのです。

CASE2 建設業B社

バブルの負の遺産を処分して成り行き経営に決別

(1) B社の現状

業種	建設業
従業員数	10人
社長年齢	69歳（後継者40歳）
BS 指標	資産合計：10億円 純資産：7,000万円 短期有利子負債：２億円 長期有利子負債：５億円 自己資本比率：７％ 流動比率：170％
PL 指標	売上：６億円 粗利益率：20％ 固定費：１億円 営業利益：3,000万円 経常利益：1,000万円 減価償却額：800万円 金利支払い：3,000万円 平均金利：3.5％

(2)社長が困っていることと本音の違い

「社長、いまお困りのことは何ですか?」と尋ねてみました。すると、「いくら稼いでも銀行にお金を全部持っていかれるよ」という答えが返ってきました。

実際、3000万円の営業利益を出しているのに、金利で3000万円を持っていかれている状況でした。しかし、私はそのとき「違う」と思ったのです。

B社には銀行から再生ファンド支援の打診が来ていました。地方銀行、特に第一地銀が中心になってそれぞれの地域において再生ファンドを立ち上げていますが、要するに企業再生を目的としたファンドです。しかし、経営者はどうすればよいか分からない状況にありました。

本当の社長の思いはどうなのか。何が本質的問題で、その解決策は何なのか。もっとヒアリングを重ねる必要がありました。

ヒアリングを通じてこの会社の本質的問題が見えてきました。

債務償還年数が39年。長期短期の借入金合計7億円に対して経常利益は「1000万円+減価償却実施額800万円」で、合計1800万円の現金損益。すなわち、約39年になるという計算です。社長が108歳の時点で借金が完済されることになります。

しかし、会社の経営は順調なときばかりではありません。うまくいかないときがあればどうするのでしょうか。

社長の「いくら稼いでも銀行にお金を全部持っていかれる」という言葉に対して、私は問いかけました。

「御社の問題は借金が減らないことにあるのではないかと思います。いかがですか？」

社長が本音を吐露してくれました。「自分が作った借金で自分が苦労するのは全く問題ない。しかし、自分が作った借金で後継者が苦労するのは耐えられない。できれば後継者がお金の心配をすることのない状況を作って事業承継したい」。これが社長の本音でした。

正しい企業経営とは、調達と運用を最適化し、利益を最大化して、お金が残る経営をすることです。調達と運用を誤ると会社は潰れてしまいます。

なぜB社は債務償還年数39年という状況になったのでしょうか。自己資本比率も7％しかありません。

社長は、銀行に言われるがままに調達と運用をした結果と考えていました。バブルのとき、本業に不必要な不動産を融資付きで購入したことがきっかけだと言うのです。

たしかにバブルの時代は不動産の価値が右肩上がりだったので、不動産を買わなければ損だという時代の雰囲気がありました。銀行は融資がしたい。ましてや不動産という担保があれば十分融資できる。そんな時代でした。

ところが、バブルが崩壊して不動産の価値が目減りしました。価値が半分になったため追加担保を要求されたりすることもあったのです。

そもそも短期の折り返し融資ではお金が残ることはありません。現金損益は1800万円しかないのに短期有利子負債が2億円もあっては返済できるはずがないためリスケしていました。

判明した事実から考えると大変危ない会社でしたが、私は財務コンサルティングを引き受けました。なぜなら〝社長にやる気があったから〟です。このような会社でいちばん大事なのは社長のやる気です。社長の「私にできることは何でもやる」という言葉が引き受ける要因でした。

(3)不動産の売却と利益の最大化に取り組む

B社は5月決算でした。2月末時点では、試算表ベースで営業利益が5000万円程度のマイナスでした。もちろんキャッシュはほとんどありません。

まずすべきなのは資産の売却、すなわち不動産の売却です。理由はいくつかありますが、総資産を圧縮する必要がありました。不要な不動産を売却することで現金が入り、有利子負債を圧縮できます。その結果、金利も圧縮できます。

次は戦略分析です。建設業としてのB社の強みは何なのか、今後どんなチャンスが来るのか、過去にどんな実績があるか、営業する場合に必要などんな人脈を持っているか、どんな価値を提供できるかなどを確認しました。

また、利益を最大化するための方策として提供価値別利益分析を行ないました。B社は建設業ですが、他にいくつかの事業を展開していました。たとえば、光ファイバーの敷設工事やアスベスト処理工事などです。その利益を分析してみると、光ファイバーの敷設工事は粗利率が10％程度しかありません。一方のアスベスト処理工事は35％の利益率があります。平均して20％程度の利益率になります。このように、何が儲かって何が儲からないかということを確認しておかないと、利益の最大化はできません。

それから利益構造分析です。決算書には売上や粗利益、固定費、利益が載っています。これらの項目の最大化を考えます。たとえば、固定費を上回る粗利益はすべて利益です。利益構造が分かっていれば、利益の最大化に着手することができます。

目標も設定しました。顧客の人生に寄り添ってその人生を良くするためには、共通の目標を持たなければなりません。具体的には、何年で自己資本経営をするために必要な利益を出していくのかという目標です。

B社では「5年後に自己資本経営を実現する」と目標を設定しました。これを達成するために1年間の利益はいくら必要なのかを算出してみると、1億円の利益を出すことができれば5年で自己資本経営になるとわかりました。

目標が明確になれば、あとは達成手段をどうするかです。私は営業の現状分析をしました。どんな営業をやっているか、どんな経営資源（人脈）があるかを知るために、営業担当である社長と専務の手帳を拝見しました。すると、ほとんど営業活動をしていないことがわかりました。手帳は真っ白だったのです。営業がうまくいっていない会社には共通点があります。「なすべきことをしていないからうまくいっていない」ということです。

それから、当然ながら保険の見直しもお勧めしました。このとき大事なのは「目的別加入の視点で見直す」ということです。

B社は、キャッシュがほとんどないのに借入れは7億円もありました。したがって、代表者の連帯債務の保証は必要不可欠です。そこで、保険の費用を削減するために長期定期保険から収入保障保険に切りかえました。

ここでのポイントは差し押さえです。税金と同様で、社会保険料は払わなければいけないものですが、お金がなければ払うことができません。社会保険料を未納・滞納すると社会保険事務所によって銀行口座が差し押さえられます。当然、差し押さえの事実は銀行に筒抜けです。

銀行の融資の約定のなかには「期限の利益」の概念があります。差し押さえを受けた会社はこの「期限の利益」を失ってしまいます。つまり、銀行は貸したお金の一括返済を求めてくる可能性が高くなります。これをされたら会社は一瞬で潰れてしまうでしょう。

したがって、少しずつでもかまわないので社会保険事務所に納付するようアドバイスしました。差し押さえをいつ受けるかはわかりませんが、少しでも社会保険事務所に納付するほうがよいことは間違いありません。社会保険料の滞納と銀行の期限の利益の喪失が密接な関係にあることはぜひ知っておいてもらいたいポイントです。

事業計画を策定する際、「5年間で自己資本比率60％を達成して、潰れない強い会社を作って、事業承継をする」というビジョンが初めて決まりました。

B社はここまでやっても予断を許す状況ではありません。その原因の一つは、正しい経営目標を持っていなかったことです。要するに「5年間で自己資本比率60％を達成して、潰れない強い会社を作って、事業承継をする」という目標を持っていなかったのです。

そしてもう一つ。ほとんどの中小企業に共通する、いわゆるドンブリ勘定も見逃せません。儲かっていようがいまいが、何となくの成り行き経営をしている中小企業が非常に多く見られます。そのような流れを作ってきた結果としてB社のような状況に陥ることは珍しくはないのです。

⑷戦略コーチングによって利益の最大化を目指す

コーチングという言葉を聞いたことはあるでしょうか。コーチングはヒアリングとファシリテートで構成されます。つまり、聞いて導いて差し上げる、ということです。

「自社の強みは何か」「顧客は誰か」「提供価値は何か」「誰がどんな営業をしているか」、このような質問をしていくのがヒアリングです。

これによって「顧客はこの会社からどの範囲のものを買ってくれているのか」「きちんとした営業をすればまだまだ売上を上げる余地があるのではないか」ということを知ることができます。

私が手帳で確認しようとした「1日に何人の顧客と会ってどんな話をしているか」という行動確認の質問は、やるべきことをしていないのではないかということを浮かび上がらせるためのものでした。

ヒアリングで様々なことを浮きぼりにしたうえで戦略を描き、導いて差し上げます。

B社は少数精鋭の建設営業施工管理会社です。従業員10人で、固定費が約1億円。10人の会社で何でもできるかというとそうではないので、弱者の戦略を選ばなければいけません。弱者の戦略とは「選択と集中」です。つまり、やるべきこととやってはいけないことを決めることにほかなりません。

やるべきことは、建設業のなかでの「営業」と「施工管理までの仕事をする」です。施工は下請け事業者にやってもらうことがB社の生き残る道です。

売上目標は6億円としました。根拠は昨年の前期に同じ実績があるからです。

粗利率は35％としました。前述したようにアスベストの仕事は粗利率が35％あります。固定費1億円は変えません。すると、営業利益は以下のように計算できます。

6億円に対して粗利益率35％を掛けると、粗利益金額は2億1０００万円。そこから固定費の1億円を引くと1億1０００万円という営業利益が算出できました。３０００万円の金利がかかったとしても８０００万円の経常利益が残ります。

この達成の手段を社長と専務に伝えたとき、「社長、やるべきことを明確にして、営業にむち打ってやってください。1日に5人の顧客と会ってヒアリングと提案営業をしてください」と申し上げました。

社長と専務は営業担当、常務は施工管理担当、と役割分担をしました。

建設業はたくさんの許認可をとっていかなければいけませんが、許認可がたくさん揃っている会社はほとんどありません。しかし、B社は許認可が非常に揃っている会社で、建設業としては使い勝手が良く、そこで営業が好転している状況です。

このように、戦略コーチングまで踏み込んで財務体質の改善のお役に立つことが利益を最大化させるコツと言えるでしょう。

⑸信頼関係の構築こそ一番の営業手段

多くの企業に財務貢献と事業承継支援のニーズがあります。大事なことは、社長と後継者が同席している場で財務貢献をすることです。

別々にすることはお奨めしません。たとえば、社長と知り合って何年も経ち、事業承継のタイミングが訪れたとします。しかし、後継者には会ったことがないとなると、事業承継後に保険営業マンは新しい社長と関係を維持できるでしょうか。恐らくできないでしょう。後継者の知り合いの保険営業マンなどが選ばれてしまう可能性が高いと思います。そうした事態を回避するためにも、後継者に経営者教育をしながら財務貢献をすることが重要です。後継者が経営者になるためには財務の知識が不可欠です。財務支援とは潰れない強い会社をつくる支援のことであり、現金損益安定黒字経営の実現にほかなりません。財務貢献とは会社の未来を良くする貢献で、社長の役割を果たすうえで重要なパートナーと成りうる存在と言えます。

顧客の問題解決を、顧客に寄り添って実施し、信頼関係が構築されます。利益が最大化すれば大半の問題が解決できます。利益が出ている会社であればどんなビジョンにも挑戦し、達成することができるのです。

これは保険契約も同様です。ほとんどの経営者が保険の必要性を感じています。保険料を払うためには現金が必要で、そのためには利益を最大化させることが重要になってきます。

信頼関係が構築されれば他社と比較をされることはありません。経営者との間に強い信頼関係があれば、10年先の返戻率が高いとか低いとか、そんなことはほとんど考慮されないのです。

CASE3 海運業C社
メインバンクを変更して瀕死の状態から脱却

(1) C社の現状

業種	海運業
社長年齢	年齢62歳（後継者40歳）
BS指標	資産合計：10億円 純資産：1億円 短期借入：1億円 長期借入：5億円 役員貸付金：3億円 未収入金：1億円 自己資本比率：10% 流動比率：200% 債務償還年数：4年
PL指標	売上：10億円 粗利益：3億円 固定費：2億円 営業利益：1億円 減価償却額：5,000万円 利息：2,000万円 認定利息：3.15%

C社の状況として、前図を見て気になるのは「役員貸付金」の3億円ではないでしょうか。しかも、これは社長勘定です。端的に言うと、実態債務超過が3億円あって、高金利に苦しんでいるという状況です。

本質的問題はどこにあるかというと、借金の返済によってお金が残らない状態であるということと、BS（貸借対照表）の改善が必要ということでした。

実は、この事例は2016年1月8日付の日本経済新聞の記事で、「地域金融機関が債務超過で苦しむ中小企業を事業性評価した」という趣旨で触れられています。銀行による事業性評価が広がっていくなかで、参考になる事例だと思われます。

(2)メインバンクの指導によって窮地に

C社は、約20年前に当時のメインバンクの指導に基づいて、個人事業から法人事業に転換しました。海運業のため主な資産は個人事業として営んでいた時代の船舶になります。この船舶を建造したときの個人としての借入金がまだ残っていました。法人成りの際に銀行は「船舶は会社の資産に変えてください。ただし、借金は個人で持っておいてください」と言ったそうです。社長は銀行に言われるがままに手続きをしました。

しかし、運賃収入は会社に入り、個人には役員報酬しか入りません。税引き後の残ったお金でしか返済できないうえ、額面が大きいため負債を払えず、利子が膨らむ一方だったのです。しかし、返済できないと銀行は文句を言ってきました。その結果、社長に代わって会社が立て替えて払ったお金が3億円あるという状況でした。客観的に見てもひどい話だと思います。

また、銀行との信頼関係という面でも良くありませんでした。実態債務超過の会社ということで銀行が厳しい目を向けており、「他行さんで借りることができるのでしたらどうぞ」という突き放すようなスタンスでした。中小企業と銀行の関係を見ると、これに似たケースをたまに目にすることがあります。

C社が所有する船舶（固定資産）は、30年間は使用に耐えますが、設備投資資金の返済期間は7年という短期返済でした。

社長の役員報酬は1800万円で、月額にして150万円です。そこから100万円ずつ役員貸付金を返済していくと、1年間に1200万円を返済することができます。しかし、これでは債務償還に25年必要となり、一方で未収入金が積み上がってしまいます。

原因はメインバンクの指導だったのですが、銀行側は役員貸付金が不良債権化していると判断し、格付けを「非正常先（破綻懸念先）」として、4年間で返済を求める「貸し剥がし」で迫ってきました。金利も年4％という高金利になっており、年返済元本は1・5億円。社長は借金で1年以内に潰れる覚悟をしている状態でした。

高金利で借金は減らず、社長は解決の糸口がつかめていません。しかし、私はC社の話をうかがい、決算書を見せてもらったとき、『まだいける』と直感しました。

ポイントは借入れ利息が高い点にありました。役員貸付金と未収入金があることで、銀行から見ても良い会社になっていないのです。

現状を分析し、実態貸借対照表を作成して、銀行がどう判断しているかを推測すると、今の簿価上の資産超過1億円に対して3億円の役員貸付金があることで、2億円の実態債務超過があるという見方をしていると考えられました。未収入金まで含めると、3億円の実態債務超過と見られていて、金利が4％も付くわけです。しかし、繰り返すようですが、この事態を招いたのは最初に指導した銀行です。

ただ、損益計算書に関しては凄まじい経営努力が表れていました。その証拠が営業利益で1億円を出せる状況を作ってきたことです。C社の収益力は上がってきていました。しかし、この状態ではいくら利益を出しても支払利息や元本返済が非常に多いために返すことができません。つまり、リスケジュール状態になっていました。

社長はどうすればよいかが分かっていませんでした。役員貸付金を毎月返済しているのに、銀行から見ると全然良い会社になっていない。これをどう打破すればよいのか、見当もつかない状態だったのです。

⑶メインバンクを変更する

3億円の債務超過になっているものの、C社は優良顧客との信頼関係が築かれているため、長期にわたって高収益が維持されている会社です。継続的に営業利益1億円を見通すことができました。

そこで私は、メインバンクを変更して、地元の有力地銀に借り換えてもらうことにしました。当時のメインバンクとの関係性に加え、C社の売上から考えると、比較的規模の大きな地域金融機関と取引できる規模ではないかという判断もありました。

早速、借換えのプレゼンテーションのために経営改善計画書と10年分の現金損益の計画書を作成し提案を行ないました。この結果、提案先の銀行に全額肩代わりをしてもらえることになり、融資総額6億円の借換えが実現しました。返済期間は15年です。銀行は最初

10年という提案をしてきましたが、10年では現金損益が合わないため15年にしてもらいました。ただし金利は2・5％です。多少は下がりましたが、高いことに変わりはありません。1％にできないかと交渉を試みましたが、銀行は金利に関して「これは絶対に譲れません」と姿勢を崩してくれませんでした。なぜなら、C社が実態債務超過だからです。事実、「実態債務超過を5年後に解消する計画が達成できたそのときは金利を1％程度に引き下げる」というラインまで譲歩してもらえました。

以上のように万全の体制を整えて地方銀行と交渉した結果、4年で返済しなければならなかった借金6億円を15年で返すという借換えに成功したわけです。

財務が改善したことによって会社に残るお金が増えます。悪かったBS（貸借対照表）がどんどん良くなり、現金・預金を増やすことができました。

(4)もめない、困らない事業承継のために

続いて、社長と奥さまはともに62歳だったので、社会保険料の適正化を実施しました。具体的には、役員報酬の減額と在職老齢年金の復活です。これにより1000万円の改善を実現できました。社長は子息を後継者とした事業承継を望んでおり、子息が経営しやす

くなるためであれば、自分の役員報酬は下げても構わないと考えてくれたのです。

読者が気になるのは保険契約の部分だと思います。しかし、その前にやらなければいけないことがありました。それが金融取引の正常化です。

銀行は「C社は債務者区分が要注意先です」と明言しながら、6億円の借換えを引き受けてくれました。しかも15年もの返済期間を認めてくれたのです。金利はやや高めで2・5%でしたが、銀行が格付けに固執せず企業を活性化するために金融支援を引き受けてくれたのです。

銀行が求めていたことは現金損益の改善です。その前提が「5年以内の実態債務超過解消」でした。

金融支援をしてもらい、金融取引を正常化してもらいました。正常化がなされていないとリスケ状態を脱出できないのです。ただ、問題が残っていました。社長に対する役員貸付金と未収入金がおよそ4億円あったことです。これが一番の問題でした。やはり社長勘定であったため返済しなければいけません。多額のため、返済するために入念な返済計画を作成する必要がありました。基本的なプランとしては以下の流れになります。

まず、5年後に3億円の退職金を払わなければいけないので、少なくとも年払い保険料

6000万円程度の保険契約を締結しなければいけません。しかし、社長の健康状態は万全とは言えなかったため、年払い保険料5000万円の契約が限界でした。「5000万円×5年」で2億5000万円の上乗せとして、不足する5000万円分は会社が出すことにしました。3億円の退職金の場合は、いくら退職所得控除を使ったとしても6000万円程度は税金がかかるため、差し引くと社長には2億4000万円が残ります。この2億4000万円を社長に対する役員貸付金と未収入金の返済に充てるのです。そうすると、毀損資産が現預金に変わることで内部留保と合わせて実態自己資本比率が上がり、債務超過を解消することができるのです。

ただし、社長に対する役員貸付金と未収入金の解消はこの1回だけでは完済できませんので、税理士とも相談して、もう一回会社から退職金を払うことにしました。さらに5年後、つまり10年後に同額程度の退職金を社長と取締役である奥さまに案分して払うことで返済が完了する計算になります。

このように、財務的な問題を解決する部品として生命保険を活用しました。

事業承継について、C社にとって非常に大きかったのは40歳の後継者がいたことです。銀行が借換えを引き受ける際、15年で返済するということにしてもらいましたが、15年にわたる融資の回収を銀行が確信するためには能力の高い後継者がいなければ不可能です。非常に高い能力を持つ後継者がいるということで、銀行は長期間取引ができる融資先と判断してくれたのです。

実態債務超過のため株価が低い評価なので、後継者である社長の子息（専務）に全株式を額面で譲渡しました。ただしこれだけでは終わりません。後継者以外にも相続人が二人いるので、彼らに対して、もめないための配慮をしていく必要があります。

財務状況の改善、事業承継、遺産分割を含めた相続対策を同時並行で行なっていくことが重要です。前期の5年間、後期の5年間で何を積み立てていくのかの計画を立てて、それによって不良債権である約4億円を全額解消します。併せて遺産分割対策、あるいは生きている間の財産分割対策として資産性の生命保険を活用します。

このように、現金が豊かな状況になるようにすることで、財務的な問題を解消していきました。

(5)社長のビジョンを達成するために大事なこと

経営者のビジョンは「財務改善を果たして事業承継をしたい」というものでした。

ヒアリングした当初の状況では、後継者に継がせるわけにはいかないし、子息としても継ぐことを躊躇するような会社でした。それを継げる状況にして、円滑に事業承継したいというのがビジョンだったのです。

具体的に社長が困っていたのは「閉塞状態にあること」でした。銀行との関係の悪さも看過できませんでした。

このようなとき、金融取引を正常化していく流れを作ることが非常に重要になってきます。本ケースでは、社長に問題意識が明確にあったことが大きな特徴の一つです。ただし、問題意識を持ち、変革はしたいけれど、自分では変革ができない、そんな状態です。

社長はヒアリングのとき、「何度も銀行と話し合ってきたんです。でも銀行が求める資料提供ができなかったのでうまくいかなかったでしょうね」と述懐していました。

本ケースでは財務問題と事業承継問題が非常にリンクしていると感じます。

同様の状態にある会社は多いと思われます。たとえば「社長が40歳で会社をはじめ20年間やってきたが、何らかの財務問題を抱え、銀行の債務者区分が正常先ではない。閉塞状況だがそろそろ事業承継のタイミングになっている」、こんな事案は珍しくないのではないでしょうか。

C社は営業黒字であったことが幸いしました。いくら頑張ったとしても営業赤字の会社を1億円の営業黒字の会社にするのは非常に時間がかかるものです。

もう一つ、この事例で特徴を挙げるとすると、財務知識が非常に有用であったことです。信頼できる税理士とチームを組み、認定利息の交渉や経理業務の合理化、月次決算の適正化、自社株評価などを進めました。

税理士によっては1株の額面を60万円（薄価純資産を株式数で割った額）と言ったり、5万円と言ったりします。なんと税理士によって12倍もの株価の開きが生まれてしまうのです。

「月次決算の適正化」を挙げましたが、銀行から見て正常な経営状態にあるかどうかの判断基準の一つは、月次決算によって経営管理がなされているかどうかです。試算表の管理がきちんとできていないということは、月次決算ができていないということになります。

私の経験上、まともに月次決算を作っている会社は少ないように感じます。私たちはこうした初歩的なところから啓蒙していく必要があるのかもしれません。

本ケースで言えば、銀行は6億円の借換えを受け入れているのだから、その6億円をウオッチしたいと考えることは当然です。

経営管理が不十分な会社が多いですが、まったくなされていないという評価を外部から下されてしまうダメージは小さくありません。したがって、きちんとした経営管理ができる会社に変えていくことも重要な支援になります。

C社は、私が出会った当時、現金・預金が7000万円しかありませんでした。しかし、会社にお金が残る経営に変えたことで、現在は2億円の現金を保有しています。社長が「潰れる」と覚悟していた会社でも、外部の財務コンサルタントによる財務貢献によってここまで引き上げることができるのです。

Column

「私たちが支援すべき経営者とは」

私は支援すべき企業を「前向きで誠実な経営者」と想定しています。とりわけ含み損ができている、すなわち資産に毀損がある企業こそ支援が必要です。

社歴が長いと経営者の失敗が累積している可能性が高くなります。つまり、社歴のある企業は私たちがお役に立てる可能性が高いのです。また、社歴のある企業は経営者が高齢化しているため、事業承継と相続の対策を必要としているという点でも私たちの出番があります。

価値提供力を勉強して身につけたあと、「何を目指すのか」「本当の顧客は誰なのか」ということを明確にして、継続的に出会うような仕組みを作ってほしいと思います。世の中には適切なアドバイスを受けられていない経営者がたくさんいるのですから。

CASE4 製造業D社

相続に備えて「人に迷惑をかけない」保険に加入

(1) D社の現状

業種	製造業（メガソーラー事業への転換を希望）
社長年齢	62歳（後継者40歳）
BS 指標	資産合計：5億5000万円 負債合計：４億円 純資産：１億5000万円 借入れ：１億円
PL 指標	売上：10億円 粗利益：9,000万円 粗利益率：９％ 固定費：8,000万円 営業利益：1,000万円 経常利益：800万円 減価償却額：300万円 利息：200万円

本事例でのD社社長のビジョンは「今の事業からメガソーラー事業に移行して安定経営を実現したい」というものでした。その実現のためには、銀行格付けを適正化して、資金調達が可能な状態にする必要がありました。早速、銀行格付けを分析して適正化の提案、および同時に保険の見直しも提案しました。

財務貢献を行なってすぐに保険契約の提案をするケースもあれば、しないケースもありますが、本事例では前者のケースになりました。すぐに保険の話をするかどうかの判断基準は、顧客が加入している保険に問題があるかどうかです。問題がある場合は、当然一日でも早く改善したほうがよいので、すみやかに見直し提案をするべきでしょう。問題がないのであれば、財務貢献を通じて信頼関係を構築してからでも遅くはありません。

したがって、最初に現状把握のヒアリングをする際に、保険分析も行なうようにするとよいでしょう。実態債務を見るためには保険証券の分析が欠かせません。「判断材料として保険証券を見せてください」と求めるのは自然な流れと言えるでしょう。

⑵ビジョンなき保険を見直す

銀行格付けを適正化する過程で加入保険の分析を行なったところ、1億8000万円の長期定期保険を販売先の大手ゼネコンの子会社代理店から加入していたことがわかりました。年払い保険料は450万円です。何かビジョンがあって加入したものではなく、単純に「保険料450万円までなら払える」というだけの理由だったため、見直し提案をすることにしました。

まず、借入れが1億円あるので、1億円の10年定期保険を提案しました。こちらは年払い保険料が26万円で済みます。借入金は増えたり減ったりするためメンテナンスしやすい状況を作ることが重要です。これを債務対策としたわけですが、加えて1億円の資産性の生命保険を提案しました。現在の年払い保険料が450万円であるため、その範囲内で債務保証と事業承継対策としての遺産分割対策を実施した生命保険を提案したのです。

社長には子息が3人いました。後継者は長男で、オーナー家の主な財産である自社株を集中して長男に譲りわたすことで経営権を確立することになっています。相続には平等原則がありますから、残りの子2人に対して財産分与の観点から100%の対策にならないとしても5000万円ずつの資産性の生命保険の契約を勧めたのです。

保険の加入は「人に迷惑をかけない」という観点が重要、というのが私の持論です。一般的に、生命保険は損か得かで加入することがありますが、その前に大事なのが「人に迷惑をかけない」ための保険の活用なのです。この観点を満たした後に損か得かを考えるようにします。

D社社長が長期定期保険に加入している目的は、本来は退職金準備のはずです。自分の退職金の資金準備として長期定期保険に加入することは、自分にとっては得な話です。しかし、それはずっと後の話であって、まずは借入れの個人保証や担保対策としての掛け捨て保険を手当てし、事業承継対策や相続対策・遺産分割対策としての保険契約をすべきなのです。

もし現状で社長が亡くなった場合、遺留分侵害額請求が起こる可能性がありました。「家族が末永く仲良く暮らすための配慮」こそ、保険の活用なのです。

死亡退職金の準備は資産性の生命保険が最適です。この保険は会社契約なので、保険金は会社がいったん受け取ることになります。それを死亡退職金規程の中で受取人指定をしておくことで、次男と三男に対してそれぞれの預金口座に振り込まれる仕組みを作ります。こうして「人に迷惑をかけない」体制を作ることができました。

Column

「顧問税理士問題」

節税ばかりを気にする経営者が多いせいか、顧問税理士が経営者に対して「利益が出ているので役員報酬を上げてください」とアドバイスしているケースが目立ちます。役員報酬を上げるだけでなく高級車を買わせるといった例も珍しくありません。

皆さんには、よく考えてみてほしいと思います。実態債務超過で銀行に相談するような経営者の車が高級車であったとしたら、銀行担当者が会社を訪ねて車庫の前を通りすぎるときにどう感じるでしょうか。『この会社は再生途上にありながら、ちょっと利益が出たら会社の本業に関係のない贅沢をするのか』とシビアな目で見られてしまってもおかしくありません。

このようなケースに出くわしたとき、私は経営者に厳重に注意します。少なくとも銀行員に見られない駐車場に停めてほしいと話します。

銀行の立場で見れば腹が立って仕方がないはずです。しかし、そもそもはディーラーと提携しながら高級車を買えというアドバイスがいけません。車種まで指定するケースもあるそうですから、開いた口が塞がりません。

なぜ利益が出た機会に現金損益を改善して、返済が進む会社にしましょうというアドバイスがなされないのか。私には不思議でなりません。

財務コンサルタントを標榜していながら、税理士による試算表の管理がなされていないケースもあります。財務改善に伴って銀行と相談していく場合、信頼の再構築が不可欠です。少なくとも月次試算表の報告をしていかなければ銀行は信用してくれないでしょう。なぜなら、銀行は立てた目標の達成具合を必ずチェックしているからです。その報告書類は試算表しかありません。

私が支援に入る前、すでに財務改善に取り組んでいたはずの企業で、試算表管理がまったくできていなかったことがあります。それにも関わらず私の前任者は顧問料や財務コンサル料だけは徴収していたのです。

私が「具体的にどんな財務コンサルをしてもらったのですか」と経営者に尋ねると、例の「高級車の購入」が財務コンサルだというのですから、怒りを通り越して悲しくなります。

多くの経営者が置かれている環境はこのように酷いものです。まともなアドバイスをする専門家がいれば財務改善の必要などないケースが多数ありました。つまり現金損益安定黒字経営が実現できていたはずのポテンシャルを秘めた会社が、「知らない経営」をしているがために現在困っている。それが日本の中小企業の実態なのです。

ヒアリングをするなかで「10年前に適切なアドバイスがあればすでに資産超過の会社になっていたのは間違いない」と思った会社がいくつもあります。困っているのに誰からも助けてもらえない経営者がたくさんいます。読者の皆さんには、このような経営者に対して積極的に貢献していってもらいたいと思います。

そのやり方は、財務のことをしっかりわかる人間になればすぐに始められます。つまり決算書が読めるようになることです。

おわりに

中小企業にとって最重要な経営目的は「継続」です。企業は継続するからこそ雇用責任が果たせ、従業員とその家族の生活を守ることができます。

しかしながら、日本における企業の10年後継続率はたったの6%と低迷しています。なぜ、10年間で95%もの企業がなくなってしまうのでしょうか。それは赤字経営だからです。法人所得税の申告状況は約75%が赤字申告です。赤字経営ではやがて会社は潰れます。経営者が高齢化しても、赤字の会社は事業承継できません。会社が潰れると多くの人に迷惑をかけます。従業員、顧客、仕入先、銀行など社会に迷惑をかけてしまいます。

本書を通じて学び、提供価値を高め、企業の継続価値向上に貢献し、中小企業を元気にして、日本を元気にするという大儀を持った仕事を行なってもらいたいと願っています。

「利益の3定義、①企業継続コスト、②人を幸せにする原資、③企業価値向上の原資」。これは企業継続をするために必要なコストであるという考え方です。では、なぜ75%もの会社が赤字経営なのでしょうか。その原因は、経営者の間違った価値観と知識不足、そして士業専門家の存在であるように思います。経営者の間違った価値観で代表的なものは「税金を払うことはもったいないこと」という価値観です。そして、利益がどのように社会的評価につながり、商売繁盛の重要な要件であるかという経営知識を知らないということです。

士業の問題とは「会社は少しぐらい赤字のほうが良い」といった間違った経営指導を行なう一部の税理士の存在です。少し利益が出ると未来の利益とは関係のない節税（外部流出）を勧める税理士を目にします。

企業経営とは「調達と運用を最適化して利益を最大化する行為」です。まさにBS（調達と運用）とPL（利益）そのものです。社長が調達を誤れば会社は潰れます。しかし、多くの経営者が財務知識を持たないがゆえに銀行の言いなりで調達を行ないます。

たとえば、耐用年数が10年の設備投資に対して7年間での調達を行なえば、資金繰りは狂い資金ショートを起こします。資金繰りが苦しいと追加で調達をします。債務過多になるとBSは悪化して固定費である金利が上昇します。金利が上がればさらに利益が出なくなります。こうして企業は資金繰りが厳しくなり、儲からない会社となります。逆に正しい調達ができれば資金繰りは楽になり、返済が進み、BSが良くなり、金利が低下して利益体質となります。

経営者は二つの責任を持ちます。「雇用責任」と「利益責任」です。「雇用責任を果たす」とは、具体的には従業員を幸せにすることであり、経営者として「従業員の幸せに貢献する」ことは重要な使命です。

では、具体的に従業員の幸せとは何でしょうか。それは、多くの経営者の経営理念にありますが「物心両面の豊かさを提供すること」です。従業員に物心両面の豊かさを提供するためには「利益」がないとできません。利益が自分の豊かさと繋がっていることで従業員も経営に積極的に参画し、自己成長を果たし、その成長が会社の利益として反映するのです。

保険営業マンの皆さんが、本書で示した継続貢献営業に邁進し、一社でも多くの中小企業が、現金損益安定黒字経営を実現していくことを、心より願っています。

2020年1月

エフピーステージ株式会社

五島　聡

◉著者プロフィール

五島　聡

エフピーステージ株式会社　代表取締役
経営革新等支援機関
認定番号 20130402 中国第 25 号及び中財金－第 56 号

1961 年、愛媛県上島町弓削島生まれ。1983 年、広島経済大学経済学部卒業後、建設機械レンタル会社に就職。
1993 年、ソニー生命保険株式会社に転職。2 年 4 か月同社最短記録 EX・LP、第 1 回保険料小切手領収額 50 億円記録達成。1994 ～ 1998 年度毎年 MDRT トップ・オブ・ザ・テーブル達成。
1996 年、保険代理店として独立。2000 年、エフピーステージ株式会社代表取締役に就任。
2009 年、保険営業マンの本質的成功を目的とした「ビジネスマッチング実践会」を主宰。全国 5 都市で数百人の受講生を指導。のちに「戦略法人保険営業塾」と改称。
2012 年、一般社団法人日本 BCP 協会を設立。2013 年、経営革新等支援機関（中小企業経営力強化支援法）の認定を受ける。2017 年、『法人保険シフトチェンジ』講座をスタート。2018 年、経営者向け『社長・後継者塾』、士業のための『士業塾』塾を開始。現在に至る。

●著書

『保険料 50 億円を獲得する思考術』（近代セールス社）、『トップ 5％の営業マンだけが知っている 34 の方法』（共著・サンマーク出版）、『社長最後の大仕事。借金があっても事業承継―後継者に過剰債務を残さないスマート経営』（共著・ダイヤモンド社）

エフピーステージ株式会社
広島オフィス
〒 730-0012
広島県広島市中区上八丁堀 8-10　クロスタワー 7F
東京オフィス
〒 108-0074
東京都港区高輪 3-25-22 高輪カネオビル 8F

継続貢献営業

2020（令和2）年2月4日　初版発行
2021（令和3）年7月4日　第2刷発行

著　者　　五島　聡　エフピーステージ株式会社
発行者　　楠 真一郎
発　行　　株式会社近代セールス社
http://www.kindai-sales.co.jp/
東京都中野区新井 2-10-11 ヤシマ 1804 ビル 4 階
〒165-0026　電話（03）6866-7586
装　幀　　86graphics
撮　影　　大野 真人
印刷・製本　株式会社木元省美堂
用　紙　　株式会社鵬紙業

ISBN978-4-7650-2163-0